KÖNIGS ERLÄUTERUNGEN SPEZIAL

Textanalyse und Interpretation zu

Elisabeth Zöller

WIR TANZEN NICHT NACH FÜHRERS PFEIFE

Sabine Hasenbach

Alle erforderlichen Infos zur Analyse

Bange Verlag

Zitierte Ausgabe:
Zöller, Elisabeth: *Wir tanzen nicht nach Führers Pfeife*. München: dtv, 2014.

Über die Autorin dieser Erläuterung:
Sabine Hasenbach hat Mineralogie (mit den Nebenfächern Mathematik, Physik und Chemie) an den Universitäten Köln und Bonn sowie Literaturwissenschaft (mit den Nebenfächern Psychologie und Soziologie) an der FernUniversität in Hagen studiert, wo sie mit einer Arbeit über Katherine Mansfield graduiert worden ist. Sie wohnt in Düsseldorf und arbeitet an der dortigen Heinrich-Heine-Universität. In ihrer Freizeit läuft sie Langstrecke.

1. Auflage 2016
ISBN: 978-3-8044-3091-4
PDF: 978-3-8044-5091-2, EPUB: 978-3-8044-4091-6

Druck und Weiterverarbeitung: Tiskárna Akcent, Vimperk

1. DAS WICHTIGSTE AUF EINEN BLICK – SCHNELLÜBERSICHT

Damit sich jeder Leser in unserem Band rasch zurechtfindet und das für ihn Interessante gleich entdeckt, hier eine Übersicht.

Im 2. Kapitel beschreiben wir das **Leben Elisabeth Zöllers** und stellen den **zeitgeschichtlichen Hintergrund** dar:

⇨ S. 9
→ Elisabeth Zöller wurde am 6. Dezember 1945 in Brilon geboren. Derzeit lebt sie in Münster.

⇨ S. 11
→ Geschichtlicher Hintergrund der Romanhandlung ist der **Nationalsozialismus und der 2. Weltkrieg**.

⇨ S. 18
→ Der **Jugendroman** *Wir tanzen nicht nach Führers Pfeife. Ein Tatsachen-Thriller über die Edelweißpiraten* ist 2012 erschienen. Auf sich aufmerksam machte Zöller 1993 mit *Schwarzer, Wolf, Skin.*

Im 3. Kapitel bieten wir eine **Textanalyse und -interpretation**.

Wir tanzen nicht nach Führers Pfeife – Entstehung und Quellen:

⇨ S. 22
→ Elisabeth Zöllers Wunsch, über den Widerstand Jugendlicher im 3. Reich zu schreiben
→ Besuch der Originalschauplätze, Studium historischen Materials
→ Gespräche mit dem Edelweißpiraten Fritz Theilen
→ 2012: Publikation des Romans als gebundene Ausgabe im Münchner Carl Hanser Verlag. 2014: Taschenbuchausgabe (dtv)

Inhalt:

Der 17-jährige Halbjude Paul Stern flieht vor den Nazis nach Köln und lernt dabei Franzi kennen, in die er sich verliebt. Sie hilft ihm und stellt ihn den Ehrenfelder Edelweißpiraten vor, zu denen auch Bastian Frei gehört. Die Gruppe versteckt Paul und verhilft ihm zu gefälschten Papieren, mit denen er in der Gärtnerei bei Franzi leben kann. Die Edelweißpiraten führen Aktionen gegen das NS-Regime aus und dabei wird Zack erschossen. Oberkommissar Ziegen verfolgt die Gruppe: Billi wird verhaftet; Bastian muss ins Wehrertüchtigungslager und wird anschließend mit Osteinsatz bestraft, wo er Sabotage betreibt. Er flieht in den Untergrund und wird von Ziegen verhaftet. Paul, mit dem Bastian inzwischen eine tiefe Freundschaft verbindet, will Bastians Hinrichtung verhindern und erschießt Ziegen. Bastian entkommt und gelangt zu seiner Familie ins Allgäu. Paul bleibt verschwunden, während Franzi schwanger in Köln das Kriegsende erlebt. ⇨ S. 25

Chronologie und Schauplätze:

Schauplätze des chronologisch erzählten Romans sind Köln und sein Umland sowie Pfronten im Allgäu. Das Romangeschehen beginnt im Juni 1943 und endet im Mai 1945.

Hauptpersonen:

Paul Stern ⇨ S. 62

→ Halbjude, wird von den Edelweißpiraten geschützt

Bastian Frei ⇨ S. 65

→ Edelweißpirat, wird von Paul vor der Hinrichtung gerettet

➪ S. 68

Franzi Hummel

→ liebt Paul und bleibt schwanger von ihm zurück

➪ S. 70

Eugen Ziegen

→ Oberkommissar der Polizei in Diensten der Gestapo

→ Gegner der Edelweißpiraten

➪ S. 72

Auch die anderen Roman-Figuren werden ausführlich dargestellt.

Stil und Sprache:

➪ S. 88

Die Erzählersprache ist nüchtern, klar und mit Alltagssprache durchsetzt. Neben einer individuell geprägten Figurensprache und wechselndem Erzählverhalten finden sich auch zahlreiche Motive und ihre Wiederholungen, Intertextualität sowie multiperspektivisches Erzählen.

Folgende Interpretationsansätze bieten sich an:

➪ S. 99
→ Totalitarismus

➪ S. 102
→ Hoffnung

2. ELISABETH ZÖLLER: LEBEN UND WERK

2.1 Biografie[1]

JAHR	ORT	EREIGNIS	ALTER
1945	Brilon/ Sauerland	Elisabeth Zöller wird am 6. Dezember geboren.	
1951		Elisabeth Zöller und ihre Familie ziehen in die Nähe von Münster.	6
ab 1964	München, Lausanne, Münster	Studium der Germanistik, Kunstgeschichte, Pädagogik und Französisch.	19
1972–1989	München	Gymnasiallehrerin	27–44
1990		Elisabeth Zöller beginnt Kinder- und Jugendbücher zu schreiben.	45
1993		*Schwarzer, Wolf, Skin* wird unter dem Pseudonym Marie Hagemann veröffentlicht.	48
1998	Paderborn	Auszeichnung mit dem Paderborner Hasen für das Kinderbuch *Die Chaosfamilie König*.	53
2000		*Anna rennt* erscheint.	55
2001	Mühlheim an der Ruhr	Auszeichnung mit dem Katholischen Kinder- und Jugendbuchpreis der Deutschen Bischofskonferenz für *Anna rennt*.	56
2004		*Anton oder Die Zeit des unwerten Lebens* erscheint.	59

Elisabeth Zöller (* 1945) © Peter-Andreas Hassiepen

1 Angabe der wichtigsten Jugendromane mit Jahr der Erstveröffentlichung.

JAHR	ORT	EREIGNIS	ALTER
2005	Essen	Zöller erhält den Gustav-Heinemann-Friedenspreis für Kinder- und Jugendbücher für *Anton oder Die Zeit des unwerten Lebens*.	60
2007	Bonn	Auszeichnung Zöllers mit dem Bundesverdienstkreuz am Bande.	62
2008		*Wir hatten trotzdem Glück. Die Geschichte einer Flucht* erscheint.	63
2008		*Unschlagbar – Das Buch, das dich gegen Gewalt stark macht* wird veröffentlicht.	63
2008		Publikation von *Ich, Racheengel*.	63
2009		*Unschlagbar: das Buch, das Dich gegen Gewalt stark macht* wird auf die Shortlist Wissenschaftsbuch des Jahres (Junior-Wissensbücher) gesetzt. Erscheinen von *Bis ans Limit* (Co-Autorin Brigitte Kolloch).	64
2012		*Vaters Befehl oder Ein deutsches Mädel* erscheint. **Publikation von *Wir tanzen nicht nach Führers Pfeife*.**	67
2013		*Wir tanzen nicht nach Führers Pfeife* ist Buch des Monats Februar 2013 der Deutschen Akademie für Kinder- und Jugendliteratur Volkach. Veröffentlichung von *Das Monophon*.	68
2014		*Der Krieg ist ein Menschenfresser* wird publiziert.	69
2015		*F.E.A.R.* wird veröffentlicht.	70

2.2 Zeitgeschichtlicher Hintergrund

ZUSAMMEN-FASSUNG

Die Romanhandlung von Elisabeth Zöllers *Wir tanzen nicht nach Führers Pfeife* vollzieht sich vor dem Hintergrund des Nationalsozialismus und des 2. Weltkriegs.

Der Nationalsozialismus

Führerkult und Negierung individueller Rechte

Der Nationalsozialismus beruht auf einer **totalitären Ideologie**: Das ist ein politisches System, das den Staat absolut setzt und völlige Unterordnung erwartet. Charakteristisch dafür sind u. a. eine **Ein-Parteien-Regierung** (NSDAP) mit einer **Führerpersönlichkeit** (Adolf Hitler) sowie ein **Medien- und Informationsmonopol** (repräsentiert durch Reichspropagandaminister Joseph Goebbels). Menschen in einem totalitären System sind einer propagandistischen Gleichschaltung mit einem damit verbundenen ausgeprägten Anpassungsdruck unterworfen. Individuelle Rechte werden negiert und Verstöße gegen die Regeln des Systems **rücksichtslos verfolgt und bestraft**. Dies hat z. B. der Gewerkschafter[2] Josef Frei zu spüren bekommen, Bastians Vater. Er hat gegen das System opponiert und wurde interniert: „Die Nazis haben ihn verhaftet und weggesperrt. Er sitzt in einem Lager im Emsland. Sie stechen dort Torf. Das nennt man Schutzhaft." (S. 37) Als er bei einem Unfall stirbt, erfährt Bastians Familie keinen Trost und kein Bedauern.

Rassenlehre: Überlegenheit der Arier

Kern der nationalsozialistischen Ideologie ist die Rassenlehre. Sie unterscheidet zwischen Nichtariern und den allen anderen Rassen überlegenen Ariern. Aufgrund ihrer Überlegenheit hätten

2 Freie Gewerkschaften passten nicht in die nationalsozialistische Ideologie. Sie wurden zerschlagen und ihre Mitglieder inhaftiert.

die Arier das Recht, mit Nichtariern willkürlich zu verfahren. Für die Nichtarier bedeutet das Ausgrenzung und in letzter Konsequenz Vernichtung. „Auslese und Ausmerze wurden zu Leitbegriffen der nationalsozialistischen Ideologie."[3] Davon betroffen waren alle „Rassefremde", zu denen die jüdischen Menschen zählten, so auch der Halbjude Paul und sein Vater.

Deportation der Juden

Zunächst wurden jüdische Bürger über juristische Wege ausgegrenzt, so durch die Akklamation der „Nürnberger Gesetze" im September 1935. Das darin eingebettete „Reichsbürgergesetz" fraktionierte die deutschen Bürger in „Reichsbürger" mit vollen Rechten und „Staatsangehörige" mit eingeschränkten Rechten. Die jüdischen Menschen wurden den „Staatsangehörigen" zugeordnet und so zu **Bürgern zweiter Klasse** mit eingeschränkten Rechten degradiert. Im Verlauf des Krieges wurden ihnen auch diese wenigen Rechte versagt. Bis 1941 kam es zu ersten **Massendeportationen in den Osten**, ab 1941 folgten organisierte Tötungen. Zu diesem Zweck wurden die Menschen in Sammellager überführt und mit Zügen der *Deutschen Reichsbahn* in Viehwaggons in die von Deutschen besetzten Ostgebiete transportiert. Zöller rekurriert darauf, als der Rangierer Hotte von seinen Beobachtungen erzählt:

> „Wir stellen seit einiger Zeit Züge zusammen. Auf den Auftragszetteln steht: Massenbeförderung in Sonderreisewagen. Ein Zug besteht aus einem gedeckten Güterwaggon für Gepäck, Abteilwagen 2. Klasse für die Begleitkommandos und zwanzig, fünfundzwanzig Viehwaggons. […] Wir bringen den Zug nach Müngersdorf und stellen ihn an die Rampe. Einmal, manchmal zweimal in der Woche. Immer nachts. Im Morgengrauen ist er

---

3 Erdmann: *Deutschland unter der Herrschaft des Nationalsozialismus*, S. 151.

> dann verschwunden. Manchmal sieht man winkende Hände aus den Waggons.“ (S. 28)

Dieses Schicksal ereilt Pauls Vater und auch Paul rechnet mit seiner Deportation: „Die Arier wollten Paul in den Osten verfrachten. Und das garantiert nicht zu seinem Vergnügen.“ (S. 17)

Euthanasie und Eugenik

Ein weiteres Charakteristikum der nationalsozialistischen Ideologie ist die Euthanasie. Die Geschichte der Euthanasie ist mit der Idee der Eugenik verknüpft, die sich im 19. Jahrhundert entwickelte. Vater der Eugenik ist der englische Anthropologe Francis Galton. Im Zuge seiner humangenetischen Forschungen kam er zu dem Schluss, dass sowohl psychische als auch physische Eigenschaften vererbbar seien und dass durch geeignete Maßnahmen die **Degeneration menschlichen Erbgutes verhindert wird** und sich eine höher entwickelte Rasse durchsetzt. Adolf Hitler war ein Anhänger der Eugenik (oder Erbgesundheitspflege) und nahm die eugenische Idee in die nationalsozialistische Bevölkerungspolitik auf und verschärfte sie. Im Juli 1933 wurde das „Gesetz zur Verhütung erbkranken Nachwuchses“ erlassen: Es legitimierte die **Sterilisation** von z. B. depressiv Erkrankten und Epileptikern und wurde rigoros angewendet. Ab 1939 wurden **Tötungen der betroffenen Menschen** systematisch organisiert. Hitler ordnete in einem Führererlass an,

> „die Befugnisse namentlich zu bestimmender Ärzte so zu erweitern, dass nach menschlichem Ermessen unheilbaren Kranken bei kritischer Beurteilung ihres Krankenzustandes der Gnadentod gewährt werden kann.“[4]

---

4 Erdmann: *Der Zweite Weltkrieg*, S. 111.

Lebensunwertes Leben

Zur Durchführung der Tötung wurde die Organisation „Reichsarbeitsgemeinschaft Heil- und Pflegeanstalten" gegründet. Als erbkrank und körperbehindert erfasste Menschen wurden vorgeladen, begutachtet und bei Erfüllen vorgegebener diagnostischer Kriterien in eine Tötungsanstalt eingewiesen, wo sie umgebracht wurden. Werner klärt in Zöllers Roman den ahnungslosen Lagusch über die Geschehnisse in den Heimen auf (S. 213 f.).

Der 2. Weltkrieg

1941: Hitler-Stalin-Pakt wird gebrochen

Mit dem Überfall auf Polen am 1. September 1939 begann der 2. Weltkrieg. Deutsche Truppen okkupierten später die Niederlande, Belgien sowie Frankreich. Am 22. Juni 1941 überfiel Hitler trotz des im August 1939 mit Joseph Stalin geschlossenen deutsch-russischen Nichtangriffspakts die Sowjetunion. Dieser Krieg gegen die Sowjetunion war von vornherein als **rassebiologischer Vernichtungskrieg** konzipiert, der zudem die Eroberung von neuem Lebensraum für die arische Rasse zum Ziel hatte (Parole „Volk ohne Raum"). Zusätzlich zu den Kriegshandlungen zwischen den regulären Truppen im Osten vollzog sich eine Art **Parallelkrieg gegen die Zivilbevölkerung**. Zunächst erfolgten Massenerschießungen, schließlich Massentötungen nach industriellem Muster. Von diesen Massentötungen waren auch deutsche Juden betroffen, die zum Zweck ihrer Ermordung in den Osten deportiert worden waren.

Niederlage in Stalingrad 1943

Der Verlauf des 2. Weltkriegs ist hinlänglich bekannt: Nach anfänglichen Erfolgen blieb die deutsche Offensive im Oktober 1941 aufgrund eines unerwarteten Wintereinbruchs stecken. Die Sowjetunion konnte ihre Armee reorganisieren, zudem wurde sie von ihren Verbündeten USA und Großbritannien mit Waffen unterstützt. In der **Winteroffensive 1942/43** gelang der Roten Armee schließlich die Vernichtung der 6. deutschen Armee in Stalingrad. Am 4.3.1944 begann die sowjetische Frühjahrsoffensive, in deren Ver-

Die zerstörte Kölner Altstadt im Februar 1945
© ullstein bild

lauf die deutschen Truppen aus der Ukraine verdrängt wurden. Dieses denkwürdige Datum erwähnt Zöller explizit (vgl. S. 318).

„Der Trümmerhaufen Köln wurde dem Feinde überlassen."[5]

In der darauf folgenden Sommeroffensive von 1944 erreichte die Rote Armee bereits die Reichsgrenze. Ebenfalls im Sommer 1944 überquerten englische und amerikanische Verbände sowie Truppen weiterer Verbündeter unter dem Oberbefehl Eisenhowers den Ärmelkanal und landeten an der nordfranzösischen Küste (**Invasion der Normandie**). Ende Juli 1944 gelang den Amerikanern bei Avranches der Durchbruch durch die deutsche Front. Dies ermöglichte den Vorstoß der alliierten Truppen in den Westen. Am 21. Oktober 1944 kapitulierte Aachen, die Amerikaner marschierten im 80 km von Köln entfernt gelegenen Hürtgenwald ein (vgl. S. 350). Im März 1945 nahmen sie das linksrheinische Köln ein. Der deutsche Reichssender meldete: „Der Trümmerhaufen Köln wurde dem Feinde überlassen." Im Mai 1945 schließlich eroberten amerikanische und russische Truppen Berlin.

1945 fällt Berlin

Jugendbücher zum Thema

Zahlreiche Jugendbücher (auch von Autorin Elisabeth Zöller; vgl. Kapitel 2.3) befassen sich mit der Thematik des 2. Weltkriegs und dem Nationalsozialismus. Nachfolgend eine kurze Auswahl:

→ ***Das Tagebuch der Anne Frank*** von Anne Frank (Original: *Het Achterhuis*, 1947), in Deutschland erstmals 1950 veröffentlicht. Die 13-jährige Jüdin Anne Frank schildert ihr Leben in ihrem Versteck von 1942 bis zu ihrer Entdeckung und Deportation ins KZ Bergen-Belsen 1944.

→ ***Als Hitler das rosa Kaninchen*** stahl von Judith Kerr (Original: *When Hitler Stole Pink Rabbit*, 1971), in Deutschland erschienen

5 Meldung des deutschen Reichssenders am 22.4.1945.

1973. Erzählt wird der Existenzkampf der neun Jahre alten Anna, Kind einer jüdischen Intellektuellenfamilie, die kurz vor den Reichstagswahlen 1933 in die Schweiz und von dort aus nach Paris flieht.

→ ***Die Bücherdiebin*** von Markus Zusak, (Original: *The Book Thief*, 2005), erschienen in deutscher Übersetzung 2008. Erzählt wird die Geschichte der neunjährigen Liesel Meminger, die 1939 bei bayrischen Pflegeeltern untergebracht wird, wo sie den Krieg erlebt. Dessen Grauen bewältigt sie mit Lesen von Büchern, die sie stiehlt.

→ ***Der Junge im gestreiften Pyjama*** von John Boyne (Original: *The Boy in the Striped Pyjamas*, 2006), veröffentlicht auf Deutsch 2007. Der neunjährige Bruno wächst als Sohn eines KZ-Kommandanten in Auschwitz auf. Bei dem Versuch, einem inhaftierten Jungen bei der Suche nach seinem Vater zu helfen, kommt er ums Leben.

2.3 Angaben und Erläuterungen zu wesentlichen Werken

ZUSAMMENFASSUNG

Elisabeth Zöller thematisiert in ihren Jugendromanen[6] die Konfrontation junger Menschen mit Gewalt: In ihren historischen Romanen die Gewalt im 1. Weltkrieg und in der Zeit der Nationalsozialisten, aber auch den individuellen Umgang mit Gewalt in unserer Gegenwart: in Schule und krisenhaften Situationen. Außerdem verfasste Zöller einen viel beachteten Ratgeber zur Gewaltprävention für Kinder, Jugendliche und Eltern.

Elisabeth Zöller erzählt in ihren Jugendbüchern häufig von der Konfrontation junger Menschen mit Gewalt (besonders vor dem Hintergrund des Nationalsozialismus) und zeigt junge Menschen in krisenhaften Situationen. Schon ihr 1993 erschienener Debütroman ***Schwarzer, Wolf, Skin*** thematisiert das soziale Phänomen der Gewalt und kann daher als programmatisch angesehen werden. Erzählt werden die Gefühle und Erlebnisse des Protagonisten Wolf, der sich einer Gruppe von Skinheads angeschlossen hat. Dabei nimmt die Autorin die Perspektive Wolfs ein. Zöller hat für diesen Roman in der gefährlichen Skinheadszene recherchiert. Um nicht persönlich der Gewalt dieser Menschen ausgesetzt zu sein, erschien der Roman unter dem Pseudonym Marie Hagemann.

Leben eines Skinheads

Nach einer Reihe von Büchern für sehr junge Leser erschien 2000 der Roman ***Anna rennt***. Die Geschichte ist im Nachkriegsdeutsch-

Gesellschaftsordnung und Gewissen

6 Hier werden ausschließlich die Jugendbücher vorgestellt mit Angabe der Erstveröffentlichung. Elisabeth Zöller hat darüber hinaus auch zahlreiche Kinderbücher veröffentlicht.

land des Jahres 1955 angesiedelt. Georg, Sohn eines Rechtsanwalts, tötet einen Flüchtling. Georgs Familie will die juristischen Folgen verhindern, doch Anna, die Augenzeugin war und sich vor einer Aussage fürchtet, will das nicht zulassen und tritt nach langem Kampf als Belastungszeugin auf.

Nazi-Ideologie und Behinderung

2004 folgte der Roman ***Anton oder Die Zeit des unwerten Lebens***. Vor dem Hintergrund des nationalsozialistischen Deutschland mit seiner praktizierten Euthanasie[7] wird die Geschichte des intelligenten, aber körperbehinderten Anton erzählt. Da diese Veröffentlichung auf der Grundlage realer historischer Ereignisse angesiedelt ist, kann *Anton oder Die Zeit des unwerten Lebens* als historischer Roman[8] bezeichnet werden: Modell für Anton ist ein Onkel Elisabeth Zöllers. Der Roman wurde mit dem Gustav-Heinemann-Friedenspreis für Kinder- und Jugendbücher 2005 ausgezeichnet.

Fluchtgeschichte von Zöllers Ehemann

Auch der Roman ***Wir hatten trotzdem Glück. Die Geschichte einer Flucht*** (2008) gehört zum Genre des historischen Romans. Geschildert wird die Flucht des Protagonisten Paul und seiner Familie, die im Januar 1945 aus dem polnischen Breslau in den Westen zu gelangen versuchen.

Ratgeber für starke Kinder

Ebenfalls 2008 erschien mit ***Unschlagbar – Das Buch, das dich gegen Gewalt stark macht*** ein Sachbuch: Der Ratgeber[9] ist für Kinder, Eltern und Pädagogen und dreht sich um Gewaltprävention.

Demütigung und ihre Folgen

Mit ***Ich, Racheengel*** (2008) erschien der Täter-Opfer-Roman über Niko, der in der Schule in eine Spirale von Demütigung und Hilflosigkeit gerät. Als Konsequenz will er seine Mitschüler und Lehrer töten und am Ende Suizid begehen.

---

7 Dazu siehe Kapitel 2.2, Zeitgeschichtlicher Hintergrund: Der Nationalsozialismus.

8 Romantypus, in dem reale historische Ereignisse, Orte, Personen und Verhältnisse in eine Erzählung eingehen.

9 Das Autorenteam besteht aus Elisabeth Zöller, Andreas Schick und Anne Bischoff.

JUGENDBÜCHER ÜBER GEWALT, DEN UMGANG MIT GEWALT UND GEWALTPRÄVENTION[10]

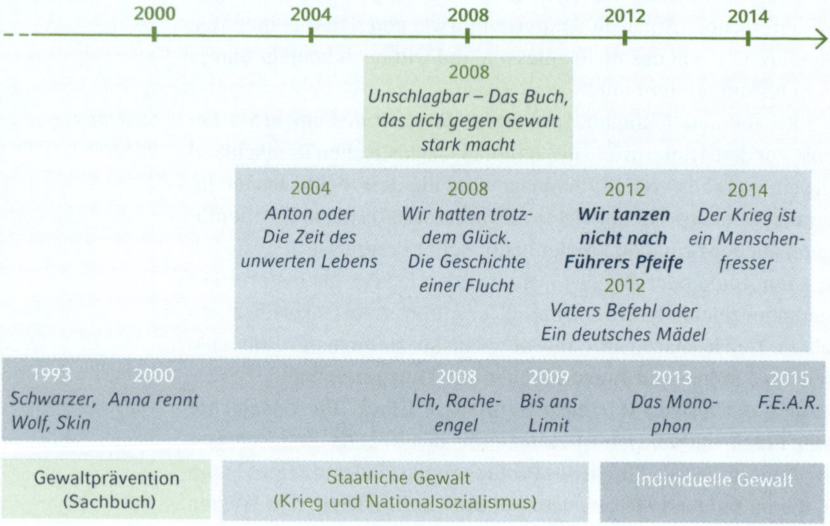

Jugendlicher Alkoholismus

Auch ***Bis ans Limit*** (2009) ist ein Roman über eine Selbstzerstörung. Zusammen mit der Co-Autorin Brigitte Kolloch erzählt Zöller die Geschichte von Florian, der ein Alkoholproblem entwickelt und schließlich Hilfe annimmt.

Historische Romane: Nationalsozialismus

2012 publizierte Zöller mit ***Vaters Befehl oder Ein deutsches Mädel*** wieder einen historischen Roman. Hintergrund ist auch hier der Nationalsozialismus. Protagonistin ist die 15-jährige Paula, die ebenso wie der von ihr sehr geliebte Vater der nationalsozialistischen Ideologie anhängt. Dann entdeckt sie die Beteiligung ihres

---

10 Nur ein Auszug aus Zöllers zahlreichen Veröffentlichungen.

Vaters an den Deportationen jüdischer Menschen und sagt sich nach innerem Kampf vom Nationalsozialismus und auch von ihrem Vater los. In den Kontext des historischen Romans gehört auch der im selben Jahr erschienene Roman ***Wir tanzen nicht nach Führers Pfeife***.

Manipulation und Widerstand

Faschismus und Widerstand ist auch des Thema des 2013 erschienenen Romans ***Das Monophon***, in dem die Manipulation durch die nationalsozialistische Ideologie, repräsentiert durch ein Monophon, erzählerisch dargestellt wird. Zugleich ist es eine Widerstandsgeschichte, denn die Protagonistin Mathilda durchschaut das Manipulative des Monophons und will dagegen angehen.

1. Weltkrieg

Mit ***Der Krieg ist ein Menschenfresser*** folgte 2014 erneut ein historischer Roman, diesmal vor dem Hintergrund des 1. Weltkriegs: Einer der Protagonisten verliert infolge seines Einsatzes an der Front den Verstand.

Welt der Neonazis

2015 schließlich erschien mit ***F.E.A.R.*** ein Thriller über die 16-jährige Clara, die sich auf den Neonazi Joonas einlässt und plötzlich mit Gewalt und der Polizei konfrontiert wird.

3. TEXTANALYSE UND -INTERPRETATION

3.1 Entstehung und Quellen

ZUSAMMEN-FASSUNG

Der Roman *Wir tanzen nicht nach Führers Pfeife* beruht auf dem Wunsch Elisabeth Zöllers, einen Roman über den Widerstand Jugendlicher zu schreiben. Dazu besuchte sie Originalschauplätze wie Köln-Ehrenfeld und das EL-DE-Haus und nahm Kontakt mit dem Edelweißpiraten Fritz Theilen auf, an den die Figur des Bastian Frei angelehnt ist. Außerdem ließ sie historische Tatsachen in ihr Buch einfließen.

→ September 2012: Veröffentlichung des Romans als gebundene Ausgabe im Münchner Carl Hanser Verlag.
→ 2014: Veröffentlichung als Taschenbuchausgabe im Münchner Deutschen Taschenbuchverlag (dtv).

Wunsch, jugendlichen Widerstand zu thematisieren

In einem Interview erläuterte Elisabeth Zöller, dass es ihr ein Bedürfnis war, über den **Widerstand im Nationalsozialismus** zu schreiben, unter besonderer Berücksichtigung des Widerstandes junger Menschen. Sie selbst hat es so ausgedrückt:

> „Für mich war es wichtig, dass ich einmal Widerstand im 3. Reich darstellte. Und mir war es noch wichtiger, dabei Jugendliche darzustellen, glaubhaft darzustellen, so wie sie waren, historisch relevant.“[11]

11 http://www.domradio.de/audio/wir-tanzen-nicht-nach-fuehrers-pfeife-elisabeth-zoeller-ueber-die-edelweisspiraten

Im Zuge der Überlegungen für ihr Buch stieß sie auf die **Kölner Edelweißpiraten** (vgl. Materialien S. 111), über die sie zunächst systematisch Material sammelte. Sie besuchte mit Köln-Ehrenfeld den Stadtteil, in dem die meisten Edelweißpiraten lebten, und das inzwischen zur Gedenkstätte gewordene EL-DE-Haus, in dem sie eine Ahnung von den damaligen Verhältnissen und der Atmosphäre dort bekam und Einblick in Gefängnisakten nehmen konnte. Außerdem las sie die Autobiografie *Edelweißpiraten* (1984) des inzwischen verstorbenen Edelweißpiraten **Fritz Theilen** (1927–2012), mit dem sie Kontakt aufnahm. Dieser gab sein Einverständnis dazu, dass Zöller ihn als Modell für die Romanfigur des Bastian einsetzte.[12]

Besuch historischer Stätten, Gespräche mit Zeitzeugen

Theilen lebte in der Ehrenfelder Landmannstraße, war Werkzeugmacher und arbeitete bei *Ford*. Die erste Verhaftung und die Verschleppung ins EL-DE-Haus zwecks Befragung unter Folter geschahen 1943, weitere Verhaftungen sowie die Verbringung ins KZ nach Dachau erfolgten ein Jahr später. Theilen konnte fliehen und schaffte es, nach Pfronten zu gelangen, wo er bis zum Ende des Krieges blieb.[13] Diese **biografischen Details** verwendete Zöller bei der Gestaltung der Romanfigur des Bastian.

Reale Figuren als Modelle für Romanfiguren

Auch die Figur des Paul Stern hat ein reales Vorbild: **Paul Urbat**. Über ihn heißt es in den Gestapoakten:

> „Bei Urbat handelt es sich um einen Hilfsschüler, der keine abgerundete Schulbildung genossen hat. Er ist Halbjude, und seine Eltern wurden im August 1944 in das Internierungslager Köln-Müngersdorf eingewiesen. Da noch ein Pferd aus dem elterlichen Geschäft zu versorgen war, durfte er bis auf weiteres zur Pflege

---

12 Vgl. auch http://www.domradio.de/audio/wir-tanzen-nicht-nach-fuehrers-pfeife-elisabeth-zoeller-ueber-die-edelweisspiraten

13 http://www.eg.nsdok.de/default.asp?typ=interview&pid=36&aktion=erstes

des Pferdes zu Hause bleiben. Nachdem Pferd und Wohnung seiner Eltern durch den neuen Eigentümer übernommen waren, meldete er sich nicht der ihm gegebenen Auflage entsprechend im Internierungslager, sondern wurde flüchtig."[14]

Von Urbat ist bekannt, dass er eine Zeitlang bei **Hans Steinbrück**[15] untertauchen konnte und sich an der Pistole ausbilden ließ. Irgendwann verliert sich seine Spur und es wird angenommen, dass er von der Gestapo umgebracht worden ist. Weitere Übereinstimmungen zwischen **Fiktion und Realität** sind die Flugblattaktion im Kölner Hauptbahnhof 1942 und in den Stellungen der Flak sowie die Hinrichtungen von 13 Widerständlern am 10. November 1944.[16]

Spannung als wichtiges Element

Dieses historische Geschehen verwendete Zöller und verarbeitete es zu einem Romangeschehen. Wichtig beim Schreiben des Buches war Zöller die **Kreation der Spannung**, da sie als Schriftstellerin natürlich weiß, dass die Spannung ein notwendiges Element ist, um Leser – insbesondere junge Leser – zu fesseln.[17]

Im September 2012 erschien *Wir tanzen nicht nach Führers Pfeife* als gebundene Ausgabe im Münchner Carl Hanser Verlag. 2014 folgte die Taschenbuchausgabe im Münchner Deutschen Taschenbuchverlag (dtv).

---

14 Finkelgrün, Peter: *Köln und die Edelweißpiraten*. http://www.hagalil.com/archiv/2011/07/03/edelweisspiraten/

15 Dazu siehe Kapitel 3.4, Personenkonstellationen und Charakteristiken, Otto Steinkamp.

16 Dazu siehe Kapitel 5, Materialien, Die Edelweißpiraten, und Bild auf S. 108.

17 http://www.domradio.de/audio/wir-tanzen-nicht-nach-fuehrers-pfeife-elisabeth-zoeller-ueber-die-edelweisspiraten.

3.2 Inhaltsangabe

ZUSAMMENFASSUNG

Ende Mai 1943 taucht der 17-jährige Halbjude Paul Stern in Köln unter und lernt dabei Franzi kennen, in die er sich verliebt. Er bekommt Kontakt zu den Ehrenfelder Edelweißpiraten, die Paul verstecken. Beim Versuch, Lebensmittel zu stehlen, wird Zack erschossen, Bastian und Hotte werden ins EL-DE-Haus gebracht, verhört und gefoltert. Die Erschießung Zacks löst bei den Edelweißpiraten eine Grundsatzdiskussion über den Einsatz von Gewalt aus. Beim massiven Bombardement Kölns gerät Bastians Familie in Lebensgefahr und wird von Paul gerettet. Billi fallen im Krankenhaus die Papiere eines verstorbenen jungen Mannes namens Peter König in die Hände: Paul kann dessen Identität annehmen, nachdem Otto, ein im Untergrund lebender ehemaligen KZ-Häftling, den Pass fälscht. Als Gegenleistung erwartet Otto Unterstützung bei einer Flugblattaktion. Mit den gefälschten Papieren kann Paul zu Franzis Tante Rose in die Gärtnerei umziehen. Es hat sich für die Edelweißpiraten vieles verändert: Billi lebt in Angst vor ihrer Verhaftung; Bastian, Hotte und Paul verteilen unter Lebensgefahr Flugblätter. In einer spektakulären Aktion lassen sie Flugblätter von einem Baugerüst in den Hauptbahnhof segeln. Oberkommissar Ziegen ermittelt und lässt Bastian für vier Wochen ins Wehrertüchtigungslager einweisen. Darauf folgt ein Osteinsatz bei den *Ford*-Werken, in dessen Verlauf Bastian eine Sabotageaktion durchführt, die jedoch entdeckt wird.

Derweil befürchtet Franzi Nachforschungen der Gestapo über Peter König. Sie nimmt Kontakt mit Frau Osmann auf, die Pauls Identität deckt. Allerdings muss Paul nun Spitzeldienste für die Gestapo leisten. Bastian lebt schließlich im Untergrund, wird aber ebenso wie Ralle und Ottos Gruppe verhaftet und nach Brauweiler gebracht. Durch Ziegen erfährt Paul von der geplanten Hinrichtung seiner Freunde und erschießt Ziegen. Bastian gelingt in dem Durcheinander die Flucht: Er will sich nach Pfronten zu seiner Familie durchschlagen, wird aber abermals verhaftet und landet in einem Nebenlager des KZs Dachau, aus dem er mit der Hilfe eines Mitgefangenen fliehen kann. Er schafft es tatsächlich nach Pfronten, wo er wieder verhaftet wird. Da das Kriegsende naht, lässt ihn der verhörende Nazifunktionär laufen. Bastian kehrt zu seiner Familie zurück. Derweil wartet die schwangere Franzi in Köln vergeblich auf die Rückkehr Pauls.

Prolog

Rücksichtslose Verfolgung der Edelweißpiraten wird geplant

In der Gestapo-Hauptstelle in Köln kommen Oberkommissar Eugen Ziegen, Kriminalassistent Ernst Klapproth, Oberstaatsanwalt Dr. Blömer, der Leiter der Gestapo-Hauptstelle SS-Hauptsturmführer Klawes sowie SS-Standartenführer Schründer vom RSHA zusammen, um über die Edelweißpiraten zu sprechen. Klawes gesteht frustriert, dass Verhaftungen, Verhöre und kurze Internierungen bei der Bekämpfung der Edelweißpiraten wirkungslos sind. Dr. Blömer charakterisiert die Jugendlichen als romantische Naturfreunde und proletarische, freizügige Kleinkriminelle. Schründer fordert, die Führungsstruktur der Widerständler zu zerschlagen: Klawes klärt ihn auf, dass es keine Struktur gibt. Klawes formuliert

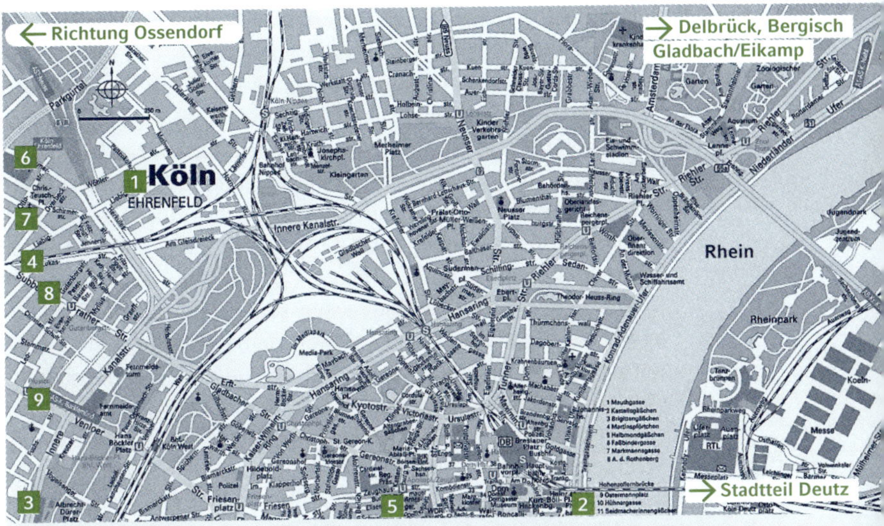

1: Stadtteil Ehrenfeld
2: Hindenburgbrücke
3: Melaten-Friedhof
4: Bahnhof Ehrenfeld
5: EL-DE-Haus
6: Takuplatz/-bunker
7: St.-Franziskus-Hospital
8: Subbelrather Straße
9: Venloer Straße

Maßnahmen, die er für wirkungsvoll hält: Internierung, Wehrertüchtigungslager, Druck auf die Familien. SS-Angehörige sollen HJ-Streifen verstärken, Polizei und Sicherheitsdienst sollen enger zusammenarbeiten. Schründer überträgt Ziegen die Verantwortung für dieses Programm.

Teil eins: Der brennende Himmel

2. Juni 1943: Der Halbjude Paul Stern trifft Vorbereitungen, den elterlichen Bauernhof zu verlassen. Im Sammellager Köln-Müngersdorf hat er sich von seinem jüdischen Vater verabschiedet, der in den Osten deportiert werden soll. Paul hatte eine glückliche Kind-

Der Halbjude Paul soll deportiert werden

heit mit den Geschichten von „Herr Wutz", einer Handpuppe, die sein Vater gekonnt zum Leben erweckte, bis Pauls Mutter starb und Pauls Vater in tiefe Trauer verfiel. Im Lager erhielt Paul einen Reiseschein mit der Order, am 3. Juni wieder dort zu erscheinen. Zuvor sollte er sich um die Tiere auf dem elterlichen Hof kümmern. Dort verbrennt Paul das persönliche Eigentum seiner Eltern, den Reiseschein und verabschiedet sich von seinem Pferd, ehe er mit wenigen Habseligkeiten und einer Pistole im Rucksack den Hof verlässt.

Ohne Papiere und Lebensmittelmarken

Paul will in Köln unterzutauchen (S. 18). Im direkt am Rhein gelegenen Deutz lehnt er am Geländer der Hindenburgbrücke (vgl. Karte S. 27) und überlegt, wie er an der Feldgendarmerie vorbei auf die andere Rheinseite gelangen kann, als ihn ein junges Mädchen anspricht (S. 19). Franzi ist mit dem Rad unterwegs, über ihrer Schulter hängt ein Trauerkranz und mit ihrer Hilfe kommt Paul an der Feldgendarmerie vorbei: Er kann sein Glück kaum fassen! Auf dem Weg durch die Innenstadt erzählt Franzi von sich und will Paul anschließend am Takubunker ihrem Bruder vorstellen (S. 22).

Franzi stellt Paul den Edelweißpiraten vor

Bastian hat sich mit Zack, Ralle, Franzis Bruder Hotte, Fatz, Freddie und Billi sowie anderen am Takubunker eingefunden, wo sie ein regimekritisches Lied[18] singen. Franzi stellt Paul vor, der misstrauisch auf Hottes „Heil Hitler"-Gruß reagiert (S. 23). Bastian deutet Pauls körperliche Reaktion als Zeichen von Widerstand und stellt sich als Bastian Frei vor. Paul bleibt misstrauisch, gesteht aber schließlich, dass er ein Halbjude auf der Flucht ist (S. 24). Die Gruppe gibt sich als Edelweißpiraten zu erkennen und Bastian lädt Paul ein, sich ihnen anzuschließen. Zack erzählt, dass er von der HJ ausgeschlossen wurde und nur noch in der HJ-Feuerwehr ist.

---

18 Dazu siehe Kapitel 3.6, Stil und Sprache, Intertextualität.

Bastian und Hotte stehen abseits der anderen und unterhalten sich über Paul, Bastians Liebeskummer und die Deportation der Juden in den Osten. Bastian traut Paul nicht ganz, will ihn dann aber mit zu sich nehmen und anschließend bei Opa Tesch im Schrebergarten unterbringen.

Täglicher Überlebenskampf in Kriegszeiten

Zack klärt Paul über das Bunkerleben und das Kommunikationssystem der Gruppe auf. Zack berichtet von seiner Hoffnung, dass der Krieg die Menschen besser macht. Er fühlt sich fremdbestimmt und befürchtet, dass ihm sein Leben davonläuft. Paul hat Bastians Misstrauen ihm gegenüber wahrgenommen und will vorsichtig sein. Bastian fordert Paul zum Mitkommen auf. Als Paul an Franzi vorbeigeht, raunt diese ihm zu, dass sie ihn wiedersehen möchte (S. 32).

Unterwegs in Köln-Ehrenfeld

Auf dem Weg zu Bastians Familie instruiert Bastian Paul darüber, wie er sich in der Öffentlichkeit verhalten muss. Er rät ihm, sich an den Kirchen und an den Straßenbahngleisen zu orientieren. Schließlich gelangen sie zu Bastians Haus in der Landmannstraße.

Frau Frei sorgt für die Familie, der Vater ist verhaftet

Sie erreichen das Haus und betreten die ordentliche Wohnung. Pauls Blick fällt auf Familien-Fotografien. Bastian begrüßt seine Mutter und Großmutter. Frau Frei ist erstaunt über den Gast und begrüßt ihn zögernd: Sie befürchtet Schwierigkeiten für ihre Familie. Paul bietet Frau Frei daraufhin an zu gehen. Bastian schaltet sich ein und erklärt, dass Paul nicht hier übernachten werde. Frau Frei äußert ihren Unmut, dass Bastian immer noch bei den Edelweißpiraten ist, und gesteht ihre Angst. Bastian konfrontiert sie daraufhin mit ihrem schwierigen Leben. Trotzig erwidert Frau Frei, dass sie immerhin noch alle am Leben sind. Paul fragt nach Bastians Vater: Bastian berichtet zusammen mit seiner Mutter, dass Josef Frei als gewerkschaftlich organisierter Schlosser bei Klöckner-Humboldt-Deutz gearbeitet hat und nun in Schutzhaft sitzt.

Bastian findet Pauls Waffe im Rucksack

Bastians kleine Schwester Elli begrüßt Bastian überschwänglich. Paul holt seine Handpuppe aus dem Rucksack, um das Eis zu brechen. Elli möchte aber, dass Bastian die Puppe nimmt. Paul geht ins Schlafzimmer, um sich zu waschen, und instruiert Bastian im Geschichtenerzählen. Bastian erzählt Elli eine Geschichte, untersucht gleichzeitig Pauls Rucksack und findet die Pistole. Bastian albert mit Elli und Herrn Wutz und erzählt ihr schließlich das Märchen von den Bremer Stadtmusikanten. Elli unterbricht ihn häufig, und als die Rede auf die Räuber kommt, die den Menschen alles wegnehmen, zieht Elli eine verblüffende Analogie zu den Nazis. Als Bastian fortfährt, dass die Tiere Freunde geworden sind und die Räuber vertrieben haben, flüstert Elli der Puppe zu, dass auch Bastian Freunde hat und Räuber vertreiben kann. Bastian setzt sich in der Küche zu Paul an den Tisch. Sie essen, dann brechen sie auf. Elli will mitgehen, wird aber von Frau Frei zurückgehalten, die Paul Glück wünscht.

Bastian bringt Paul in die Kleingartenanlage

Paul will sich mit der Waffe verteidigen

Im Freien bittet Bastian Paul, das Verhalten seiner Mutter nicht persönlich zu nehmen. Paul äußert sich verständnisvoll und legt Bastian beruhigend die Hand auf dessen Arm. Dieser packt sie blitzschnell, drückt den Jungen gegen eine Hauswand und zischt dem so wehrlos Gemachten zu, dass er ihn töten werde, komme er noch einmal mit einer Waffe zu seiner Familie. Dann gehen sie zu den Kleingärten in der Nähe des Bahnhofs. Bastian fragt Paul, ob er klarkomme. Dieser bejaht und entschuldigt sich für seine Waffe. Sie treffen auf Hotte und Paul betritt seine Unterkunft: Das Dach der Laube ist undicht und es riecht nach Feuchtigkeit. Es gibt Lebensmittel und Bücher. Hotte sagt zu Paul, dass Franzi ihn mag und er auf sich aufpassen soll. Er rät ihm, die Laube nicht zu verlassen.

Paul und Franzi kommen sich näher

Am Morgen wird Paul von Opa Tesch mit Kaffee geweckt. Sie sitzen zusammen, als Franzi mit Essen erscheint. Paul und Franzi berühren sich, Paul küsst sie. Sie kündigt an, am Abend wiederzukommen. Am frühen Abend reinigt Paul seine Pistole, als Bastian mit Brot in die Laube kommt. Er richtet Grüße von Elli aus, die Herrn Wutz gerne noch behalten würde. Bastian nennt Paul ein „Glückskind" (S. 49). Paul denkt an seine Verluste, aber auch an die neuen Menschen an seiner Seite. Paul und Bastian führen ein emotionales Gespräch über Pauls Waffe und seine Intention. Bastian warnt ihn davor, die Menschen zu verletzen, die er liebt.

Zack wird erschossen

Bastian, Hotte und Zack wollen am Ehrenfelder Bahnhof abgestellte Güterzüge aufbrechen und zum wiederholten Mal Lebensmittel entwenden, um sie internierten Kriegsgefangenen und Zwangsarbeitern zukommen zu lassen. Hotte misstraut der Situation und hält seine Freunde zurück. Zack wirft einen Stein. Sofort springen bewaffnete Männer aus dem Waggon, die drei Jungen laufen in unterschiedliche Richtungen davon; zum ersten Mal wird auf sie geschossen. Bastian beobachtet, dass Zack zusammensackt und hinfällt. Bastian läuft, bis er körperlich am Ende ist. In einer Mauernische bleibt er stehen und versucht sich einzureden, dass auch Zack entkommen ist. Er beschließt, nach Hause zu gehen, um seine Familie zu schützen. Auf dem Weg zu seinem Haus malt er sich aus, dass der angeschossene Zack unter Folter reden wird.

Die Gestapo erwartet Bastian

Bastian entdeckt vor dem Haus eine „typische Gestapo-Kutsche" (S. 57) und fürchtet, dass Zack und Hotte gefasst wurden. Er klettert über den Balkon und seine Mutter lässt ihn in die Wohnung. Bastian zieht seine Mutter über die Situation nicht ins Vertrauen, um sie zu schützen. Er wäscht sich, während seine Mutter das Auto auf der Straße beobachtet. Plötzlich hämmert die Gestapo an die Tür und fordert Einlass. Frau Frei bekommt Angst und auch Bastian, der durch das Fenster entkommen will. Seine Mutter hält ihn zurück; sie öffnet die Tür, durch die sofort Ziegen und Klapproth in die Wohnung stürmen und alle Anwesenden durch ihr rüdes Auftreten erschrecken. Klapproth durchsucht alles und Ziegen befragt Bastian, ehe sie ihn mitnehmen.

Bastian wird ins EL-DE-Haus gebracht, wo er auf Hotte trifft

Bastian, blutend und eingeschüchtert, wird von Ziegen und Klapproth mit dem Auto ins EL-DE-Haus gefahren, wo er auf Hotte stößt. Ein SD-Mann erkennt anhand der Akten, dass Bastians Vater in Schutzhaft ist, und lässt Bastian dem Erkennungsdienst zuführen. Anschließend wird Bastian zusammen mit Hotte in den Keller gebracht, wo sie auf den stadtbekannten „Kellermeister Föls" (S. 65) treffen, der Bastian mit der Peitsche misshandelt. In der dunklen Zelle stinkt es, Inhaftierte stöhnen und weinen. Auch Hotte ist hier untergebracht, aber Bastian und er ignorieren sich. Einer der Inhaftierten pfeift *Edelweißpiraten sind treu*, andere singen. Als es hell wird, erkennt Bastian andere Edelweißpiraten, die teilweise erbärmlich zugerichtet sind.

Bastian wird von Ziegen vernommen und von Klapproth misshandelt

Föls erscheint, holt Bastian zum Verhör ab und bringt ihn zu Ziegen, der ihn mit Fotografien eines Ausflugs konfrontiert. Bastian streitet ab, dabei gewesen zu sein. Ziegen ist aufgebracht und fordert Bastian auf, aus dem Fenster zu schauen: Er sieht ein kleines Mädchen und eine Frau und ist kurz davor, die Fassung zu verlieren. Ziegen fordert Bastian auf, die Namen derjenigen aufzuschreiben, die an subversiven Aktionen beteiligt sind, und verlässt dann den Raum. Bastian sieht seine Akte durch und kommt zu dem Schluss, dass Ziegen ihm nichts nachweisen kann. Er schlägt den Stift auf den Tisch und erhält augenblicklich einen Faustschlag von dem hinter ihm stehenden Klapproth. Bastian fällt vom Stuhl und wird von Klapproth abermals geschlagen, ehe Ziegen ihn zurück in seine Zelle bringen lässt.

Als Klapproth und Ziegen allein sind, unterhalten sie sich über die weitere Strategie. Sie wissen von einem Informanten von der Verbindung zwischen Bastian und Hotte und wollen den Druck auf beide erhöhen. Bastian kehrt mit blutender Nase in die Zelle zurück. Einige Zeit danach wird Hotte, ebenfalls blutend, in die Zelle geworfen. Bastian hofft vergeblich auf Essen. Hotte hat Rachephantasien, während Bastian an Zack und Paul und die merkwürdigen Umstände denkt.

Paul erfährt vom Verschwinden der Freunde

Paul liegt um 23 Uhr in seiner Laube, als Franzi erscheint und von Hottes und Zacks Fehlen erzählt. Über Bastians Verbleib weiß sie nichts. Sie berichtet weiter, dass die Gestapo die Edelweißpiraten jetzt verstärkt verfolgt. Paul tröstet sie, sie kommen sich näher.

Vor der Zellentür hört man eine Kinderstimme. Ein Mitinsasse tritt an die Zellentür und beschimpft die Nazis durch die Tür. Föls erscheint mit zwei SD-Männern und lässt den außer sich geratenen Häftling in Zelle 7 bringen. Erschöpft schläft Bastian ein.

Bastian und Hotte werden entlassen

Am nächsten Morgen werden Bastian und Hotte zu Ziegen gebracht, der ihnen eröffnet, dass sie gehen können: Bastian soll sich bei seinem Betriebsobmann melden und Hotte soll die nächste Schicht im Rangierbahnhof übernehmen. Nach einem kurzen Gespräch trennen sie sich. Bastian kehrt erleichtert zu seiner Familie zurück. Seine Mutter überrascht ihn mit der Anwesenheit von Paul. Bastian erzählt kurz von seinen Erlebnissen und fordert schließlich Paul auf, die Wohnung zu verlassen. Die enttäuschte Elli will Paul Herrn Wutz geben, was dieser ablehnt und geht. Bastian erzählt seiner Mutter von Zack und seinem eigenen Aufenthalt im EL-DE-Haus.

Bastian erhält Standpauke in den *Ford*-Werken

Am folgenden Tag erscheint Bastian an seinem Arbeitsplatz bei den *Ford*-Werken und wird von SS-Oberscharführer Frericks empfangen. Frericks bringt ihn zu Mahlmann, der Bastian die Lehrstelle bei *Ford* vermittelt hat und von Bastian geschätzt wird. Mahlmann fordert Bastian auf, sich von den Edelweißpiraten zu distanzieren. Schließlich droht er Bastian mit „Osteinsatz“ (S. 90), ehe er ihn mit einem Spezialauftrag zum Schlosser Jupp Jablonski bringt. Am Ende des Arbeitstages taucht Mahlmann nochmals auf, lobt Bastians gute Arbeit und stellt ihm eine vorgezogene Gesellenprüfung in Aussicht.

Bastian: Dickschädel wie sein Vater

Am Abend erzählt Bastian seiner Mutter von den Ereignissen bei *Ford*. Frau Frei überbringt Bastian eine Nachricht von Hotte und warnt Bastian eindringlich. Bastian beruhigt seine Mutter und will aufbrechen, als sie ihm noch ein Gemälde von Elli für Paul überreicht. Auf dem Weg in die Schrebergartenkolonie wundert sich Bastian über das Ausbleiben der Bomber und denkt an den Millenium-Angriff[19] im vorherigen Jahr.

Hotte ergreift Partei für Paul

Bastian trifft in der Kolonie auf Freddie, Hotte, Franzi und Paul, die noch auf Billi warten. Bastian lotst Hotte aus der Laube, um mit ihm allein zu sprechen. Hotte wirft Bastian „Verfolgungswahn" (S. 97) in Bezug auf Paul vor. Bastian lenkt ein und erzählt Hotte von seinen beruflichen Aussichten bei *Ford*. Hotte reagiert empört und legt Bastian dar, wie sie mit ihren Aktionen den Nazis Zeit und Nerven stehlen können, um so zur Verkürzung des Regimes beizutragen und Leben zu retten. Schweigend stehen sie nebeneinander, als Fatz und Ralle erscheinen: Ralle berichtet über weitere Verhaftungen. Singend sitzt die Gruppe anschließend in der Laube. Bastian und Franzi schauen sich an und für Bastian löst sich der Konflikt zwischen ihnen. Bastian macht Wachablösung, obwohl sich auch Paul anbietet.

Die Gruppe erfährt von Zacks Tod

Paul realisiert, dass gerade etwas zwischen Bastian und Franzi geklärt worden ist. Die Gruppe schwelgt in Erinnerungen und resümiert gleichzeitig die zunehmenden Gewalttaten der Nazis, als Bastian mit der weinenden Billi die Laube betritt (S. 103). Billi erzählt voller Angst, dass sie durch Zacks Mutter von dessen Tod erfahren hat. „Sie darf ihren Sohn nicht begraben, wenn sie nicht auspackt. […] Wenn ich ihr nicht irgendwelche Namen nenne, ver-

---

19 Dazu siehe Kapitel 5, Materialien, Köln im 2. Weltkrieg.

pfeift sie mich.“ (S. 104) In der Gruppe entbrennt ein Streit über die Anwendung von Gewalt und den Heldenmut der Edelweißpiraten.

Die Nazis setzen Kinder ein

Bastian, Hotte, Fatz und Ralle warten am Takubunker auf den obligatorischen Voralarm. Bunkerwart Willi Traube äußert sich kritisch über den Kriegseinsatz von Kindern. Hotte entdeckt in der inzwischen eingetretenen Dunkelheit eine zahlenmäßig überlegene HJ-Streife rund um Karlu Meisner, die sich anschließend eine körperliche Auseinandersetzung mit den vier Edelweißpiraten liefert. Um 22.30 Uhr ertönt Fliegeralarm und die Menschen strömen in den Bunker. Hotte äußert sich abfällig über den Bunkerwart: Die Freunde wissen um Hottes Wut über die drohende Einberufung (S. 114).

Peter und Paul: Großangriff auf Köln

Die Sirenen melden Vollalarm: Der lange erwartete Großangriff auf Köln beginnt.[20] Bastian betritt als einer der Letzten den Bunker: Neben ihm sitzt Karlu Meisner. Draußen beginnt der schwerste Bombenangriff auf Köln im 2. Weltkrieg, im Bunker herrscht eine Atmosphäre der Angst. Nach einer gewissen Zeit bereiten sich die Jungen der HJ-Feuerwehr, zu denen auch Bastian und Karlu gehören, auf ihren Einsatz vor. Paul sieht von seiner Laube aus die Bomben und läuft in Richtung Ehrenfeld zur Landmannstraße. Bastian verlässt mit seiner Feuerwehrtruppe den Bunker und steht vor der brennenden Stadt. Unter Lebensgefahr löscht der Trupp Brände und trägt Verletzte und Tote zu den Sammelstellen. Als Bastian ein verbranntes Kind in Ellis Alter sieht und eine verzweifelte alte Frau, muss er sich übergeben (S. 119).

Paul rettet die verschüttete Familie Frei

Unter Lebensgefahr erreicht Paul die Landmannstraße, wo Bastians Familie im Keller des Hauses verschüttet ist: Vor der Tür liegt ein Blindgänger! Außerdem brennen die Kohlen. Paul schlägt Wände

---

20 „Peter-und-Paul-Angriff“ in der Nacht auf den 29.6.1943. Dazu siehe Kapitel 5, Materialien, Köln im 2. Weltkrieg.

ein und befreit die Eingeschlossenen aus der Todesfalle. Am frühen Morgen betreten die Freis und Paul die Wohnung. Elli wünscht sich eine Geschichte von Paul: Er erzählt ihr eine Geschichte über die Hoffnung und Elli fragt, was das sei (S. 121). Bastian kommt völlig erschöpft zusammen mit Karlu Meisner und Hotte nach Hause, als ihnen Paul begegnet. Die Jungen trennen sich. Bastian sieht, dass ihre Straße noch existiert und der Dachstuhl ihres Hauses gebrannt hat. Von einer Nachbarin erfährt er, dass Paul den Bewohnern des Hauses das Leben gerettet hat. Erleichtert schließt sich die Familie in die Arme und Bastian schämt sich seines Misstrauens gegen Paul.

Pauls Chance auf eine neue Identität

Billi verbringt die Bombennacht zusammen mit ihrer Mutter und den Nachbarn im Keller. Nach der Entwarnung macht sie sich ins St.-Franziskus-Hospital auf, wo sie als Hilfskrankenschwester arbeitet. Sie kommt zu einem jungen Toten, den sie zunächst für Paul hält (S. 124). Sie nimmt die Papiere des Toten an sich, dessen Name Peter König lautet, und beschließt, Paul mit den Papieren eine neue Identität zu verschaffen. Erst einige Tage später trifft sich Billi mit ihren Freunden bei Paul und Opa Tesch und präsentiert den Ausweis, der noch die Hand eines Passfälschers benötigt: Bastian denkt an den entlaufenen KZ-Häftling Otto und sucht in den darauffolgenden Tagen erfolglos nach ihm. Schließlich stellt Ralle den Kontakt her: Otto will sich um den Pass kümmern und erwartet als Gegenleistung die Beteiligung an einer Flugblattaktion.

Teil zwei: Der Tod beugt sich über mich

Gefahr: HJ Karlu

Es ist herbstlich geworden und Paul sitzt untätig in seiner Laube. Das Warten zermürbt ihn. Im Schrebergarten taucht jetzt häufig Karlu Meisner, der Enkel von Opa Tesch, auf und holt Nahrungsmittel. Opa Tesch rät Paul zur Vorsicht. Aus Langeweile und Sehnsucht schleicht sich Paul gelegentlich in die Nähe der Gärtnerei, in der

Franzi arbeitet. Franzi hat ihm Anstellung und Unterkunft in der Gärtnerei in Aussicht gestellt, sobald er über seine Papiere verfügt.

Paul beobachtet seine Gegner vor dem EL-DE-Haus

Paul fühlt sich ungewaschen und übelriechend. Opa Tesch nimmt ihn mit in die städtische Badeanstalt und in ein Café. Anschließend gehen sie ins Kino. Paul mag das Kino und stellt sich einen Besuch mit Franzi vor. Paul denkt über seine Situation nach, und dass Bastian und seine Freunde stets ihren Kopf hinhalten. In der Folge gehen Paul und Opa Tesch häufiger in die Stadt und als er sich sicherer fühlt, geht Paul sogar alleine. Er hält sich in der Nähe des EL-DE-Haus auf, genießt den Nervenkitzel und ist doch immer äußerst wachsam. Paul beobachtet die Menschen in den verschiedenen Uniformen, die Gestapo-Leute und auch Ziegen und Klapproth in ihrem privaten Umfeld. Einmal sieht er ein Treffen zwischen Ziegen und Karlu. In Mülheim entdeckt Paul einen Schwarzmarkt für Fleisch, Zigaretten und Schnaps. Die Freunde haben wieder angefangen, Bahntransporte zu bestehlen. Paul erzählt ihnen in der Laube von Karlus Spitzeldiensten. Bastian beschließt daraufhin, dass Paul die Kleingartenanlage verlassen muss (S. 149).

Paul bekommt seine Papiere und zieht in die Gärtnerei

Auf der Suche nach Otto stolpern Bastian und Paul in der Dunkelheit durch die Trümmerfelder. An der Kirche St. Gereon warten sie auf das mit Otto vereinbarte Zeichen. Bastian fragt Paul, ob die Ruinen jemals wieder aufgebaut werden. Paul sagt, dass der Schutt liegenbleiben und irgendwann von Gras überwuchert sein wird, aus dem nur noch die Spitzen der Domtürme herausragen.[21] Bastian stellt sich vor, dass sich viele Jahre später Archäologen bei Ausgrabungen über die Funde wundern werden. Bastian erzählt von einem Museumsbesuch zusammen mit seinem Vater, bei dem

21 Paul liegt nicht falsch. Nach Kriegsende wurde im Stadtteil Neu-Ehrenfeld der Schutt Ehrenfelds zu einem Berg angehäuft (Herkules-Berg) und mit einer Erdschicht versehen. Dort wachsen heute tatsächlich Gras und Bäume.

sie sich Zeugnisse der Römerzeit angeschaut hatten.[22] Plötzlich ertönt ein Pfiff und schließlich stehen sie vor Otto, der Pauls Ausweis hat. Die Fälschung ist perfekt. Otto erinnert an die Vereinbarung hinsichtlich der Flugblätter.

Pauls Vorarbeiter Lagusch ist ein Nazi

Paul, der jetzt Peter heißt, zieht mit Franzis Hilfe in die Gärtnerei um. Wieder hat Paul ambivalente Empfindungen. Von Frau Rose erhält er Informationen zu seinem Arbeitsleben und sein neuer Ausweis besteht die erste Bewährungsprobe. Tante Rose stellt klar, dass sie in der Gärtnerei kein Techtelmechtel zwischen ihm und Franzi duldet und ihr die Edelweißpiraten nicht gefallen. Paul macht erste Bekanntschaft mit dem Vorarbeiter Lagusch, vor dem Opa Tesch ihn schon gewarnt hatte. Sie treffen im Stall auf ein verwahrlostes Pferd, Hennes: Paul ist über den Zustand des Tieres empört und kauft Hennes umgehend von Frau Rose ab. Anschließend fürchtet er, Lagusch mit seinem Verhalten düpiert zu haben. Paul kümmert sich um das Pferd und richtet seine Kammer ein, zu deren Ausstattung auch eine Schreibmaschine und ein „feindsendertauglicher" (S. 163) Volksempfänger gehören. Schreibmaschine und Pistole versteckt Paul im Stroh. Gut gelaunt trifft Hotte ein, öffnet einen Spalt in der Wand und lässt Bastian, Fatz und Ralle in Pauls neues Heim kriechen, während sich Freddie als offizieller Besucher bei Tante Rose anmeldet. Paul ist begeistert.

Paul erhält alle nötigen Papiere

Am nächsten Tag wappnet sich Paul aufgeregt für den Gang zum Bezirksamt Ehrenfeld. Sein Sachbearbeiter verfällt zunächst in bürokratische Routine und Paul wähnt sich schon am Ziel. Dann bringt ihn der Mann mit einigen Fragen fast aus dem Konzept. Schließlich bekommt Paul den ersehnten Stempel und wird darüber informiert, dass eine Anfrage bei der Gestapo erfolgen wird. Der

22 Köln wurde im 1. Jhd. v. Christus von den Römern gegründet.

nächste Weg führt Paul zum Ernährungsamt, wo er problemlos weitere Papiere und Lebensmittelmarken erhält. Auch beim Besuch des Arbeitsamtes verläuft alles problemlos. Auf dem Rückweg besucht er Opa Tesch, wo Karlu und seine HJ-Kumpanen die Laube niedergebrannt haben. Paul bietet Tesch an, auch in die Gärtnerei zu ziehen, was dieser ablehnt. Zurück in der Gärtnerei erzählt Paul Franzi von seiner Begegnung mit der Bürokratie.

Werner, Gegenspieler zu Lagusch

Beim Essen lernt Paul Werner, einen versehrten ehemaligen Soldaten, kennen, der aus seiner Nazi-Verachtung kein Hehl macht. Lagusch beschuldigt Werner der Wehrkraftzersetzung. Frau Rose klagt über ihre Streitereien und gibt Paul Instruktionen für seine Arbeit. Paul und Franzi waschen in der Küche ab und Franzi klärt Paul über Laguschs unseriöse Geschäfte auf: Kränze und Schleifen werden gleich mehrfach verkauft. Franzi gibt Paul den Rat, Lagusch in Ruhe zu lassen.

Paul merkt schnell, dass er wenig Talent zum Kränzebinden besitzt. Auch Lagusch erkennt Pauls Defizite und will ihn mehr für die groben Arbeiten einsetzen, wofür Paul dankbar ist. Franzi und Paul nähern sich immer mehr an. Paul macht diese Liebe glücklich. Die Edelweißpiraten hören bei Paul den britischen Sender BBC. Es ist der 29. August 1943, gesendet wird eine Rede des in die USA emigrierten Literaturnobelpreisträgers Thomas Mann, der von der Niederlage Deutschlands spricht.[23] Hotte erzählt vom jüdischen Kaufmann Blum, der im Viehwaggon in den Osten verbracht wurde. Paul schaut sich ein von Elli gemaltes Bild an, das ein Wolfsgesicht zeigt: Elli hat versucht, Hoffnung zu malen. Paul möchte wie beim Märchen vom bösen Wolf Steine in die Nazimaschinerie werfen und sie dadurch zum Stillstand bringen. Diese Interpretation wiederholt

---

23 Dazu siehe Kapitel 3.6, Stil und Sprache, Intertextualität und Link: https://www.youtube.com/watch?v=EqNhLUJ7oTk.

er jetzt vor seinen Freunden. Hotte ist skeptisch; Billi erwähnt den Verlust Zacks und ihre Angst vor Verrat.

Ralle ist inzwischen bewaffnet und Mitglied von Ottos Gruppe

Paul und Bastian sitzen im Takubunker. Bastian sinniert über Otto und den Widerstand. Viele Geschichten hält Bastian für Geschwätz, Otto beeindruckt ihn dennoch. Nach der Entwarnung verlassen sie den Bunker und treffen auf Ralle, der sich überraschend als Mitstreiter von Otto zu erkennen gibt und bewaffnet ist. Bastian äußert sein Missfallen über die Pistole und die Gewalt. Für ihn geht das nicht mit den Edelweißpiraten zusammen. Ralle klärt sie darüber auf, dass er Ottos Bote Adi ersetzt, der in Brauweiler einsitzt. Paul und Bastian sollen am kommenden Samstag im Kolpinghaus erscheinen, um dort von Otto die Flugblätter zu erhalten. Später sitzen Paul und Bastian zusammen und Pauls Hand zittert. Er steht auf und sagt, dass er die Pistole vergraben will für den Fall, dass sie am nächsten Tag von der Gestapo geschnappt werden. Hotte hat sein Mitkommen ebenfalls angekündigt.

Ottos Flugblätter thematisieren Hitlers Niederlage in Russland

Im Kolpinghaus kauft Paul für sich und Bastian jeweils ein Essen: Den Preis von 40 Pfennigen zahlt er mit einem Zehnmarkschein, was Bastian erzürnt. Sie setzen sich an Ottos Tisch und dieser informiert Paul und Bastian darüber, wo sie die Flugblätter verteilen sollen. Dann geht er. Die Flugblätter befinden sich in zwei Handkoffern unter dem Tisch. Zusammen mit Hotte tragen sie die Koffer zur Gärtnerei. Auf dem Weg dorthin tadelt Bastian Paul wegen des Zehnmarkscheins und in der Gärtnerei verstecken sie die Koffer im Stroh. In der Binderei stößt Paul auf eine erleichterte Franzi. Frau Rose erscheint und erteilt den beiden noch einen Auslieferungsauftrag zum Melatenfriedhof. Paul beschreibt Franzi die Flugblätter (S. 195).

Bastian wird entdeckt und hat Todesangst

Bastian und Paul stehen in Ossendorf und warten auf den Voralarm. Sie haben Angst, denn sie wollen Flugblätter verteilen. Der erwartete Voralarm ertönt, kurz darauf erfolgt der Hauptalarm. Die

Soldaten beziehen ihre Stellungen und beginnen mit dem Beschuss der feindlichen Flieger. Nun rennen Bastian und Paul zu den Unterkünften, verteilen dort die Flugblätter und laufen in ihr Versteck zurück. Auch an den folgenden Abenden setzen sie diese Aktion fort. Eines Abends ist Bastian allein unterwegs, doch der Voralarm bleibt aus. Ungeduldig nähert er sich dennoch den Unterkünften und wird von einem bewaffneten Wachposten gestellt. Bastian hat Todesangst und rechnet mit seiner Erschießung. Der Soldat fordert ihn auf, die Flugblätter aufzusammeln und zu verschwinden. Wie in Trance nimmt Bastian die Flugblätter und läuft nach Hause.

Flugblatt-Regen im Hauptbahnhof

Er will die Freunde warnen, kann aber erst am nächsten Abend in die Gärtnerei, wo er Paul nicht antrifft. Er vermutet ihn bei einer Flakstellung in Ossendorf und eilt mit dem Fahrrad dorthin. Dort trifft er auf Paul und Hotte und befiehlt ihnen, sofort zu verschwinden. In der Gärtnerei berichtet Bastian von dem Geschehen in der Nacht zuvor. Sie überlegen, was sie mit den übrigen 800 Flugblättern machen sollen, die sie schließlich in einer einzigen spektakulären Aktion verteilen wollen: Hotte will im Hauptbahnhof auf ein Baugerüst klettern und die Flugblätter von dort oben in den Bahnhof werfen.[24] Sie präparieren Pauls Rucksack mit einem Seil, um den Rucksack von unten öffnen zu können. Billi übernimmt den Transport des Rucksacks mit einem Kinderwagen. Alles funktioniert wie geplant (S. 204).

Ziegen sucht einen Pferdebesitzer und erkundigt sich nach Bastian

Im EL-DE-Haus hat Ziegen den Rucksack mit der Aufschrift „P. Stern“ in der Hand und den Pferdegeruch des Rucksacks registriert. Er macht sich seine Gedanken über die Flugblattaktion und setzt die Sekretärin Frau Jürgens zur Recherche ein. Bastian erscheint am Morgen nach der Flugblattaktion bei *Ford* und bekommt

24 Vgl. http://www.ksta.de/koeln/nippes/edelweisspiraten-im-dritten-reich-mucki-hat-genug-gekaempft-2624686.

Ärger mit Frericks (S. 207). Jupp Jablonski rettet Bastian aus der beklemmenden Situation und legt sich dadurch mit Frericks an. In der Mittagspause berichtet Jablonski vom Scheitern des Projekts *Maultier*, von seiner Abkommandierung zum Osteinsatz und seiner möglichen Einberufung. Am Tag darauf steht Bastian vor Mahlmann und einem grinsenden Frericks: Er muss für vier Wochen ins Wehrertüchtigungslager Burg Vogelsang.

Werner konfrontiert Lagusch mit Euthanasie

In der Gärtnerei betrachten Lagusch, Werner und Paul ein Mädchen, Lisa, beim Hüpfen. Lagusch ist der Meinung, dass das behinderte Kind in einem Heim besser aufgehoben wäre. Werner erklärt, was mit den Kindern dort geschieht: Sie werden getötet. Lagusch ist betroffen. Werner sagt zu Lagusch, dass er diese Geschichte nur erzählt hat, damit Lagusch nicht behaupten kann, von nichts gewusst zu haben. Lagusch steht wortlos auf und verlässt den Raum. Werner hält ihn für unbelehrbar.

Lagusch, Paul und Ralle schmuggeln ein geschlachtetes Schwein

Lagusch hat die Möglichkeit, an ein schwarzgeschlachtetes Schwein zu kommen, und bittet Paul mit Hennes um Mithilfe. Er räumt Paul Bedenkzeit ein, der aber sofort zusagt. Paul möchte, dass Ralle mitkommt. Dieser reagiert skeptisch und besteht darauf, seine Pistole mitzunehmen. Am nächsten Morgen startet die Schweine-Aktion: Lagusch, Paul und Ralle fahren zum Melatenfriedhof, wo sie einen Sarg aufnehmen. Ralle verschwindet im Gebüsch, um auszutreten. Inzwischen bietet Lagusch Paul gönnerhaft eine Zigarette an, die Paul zögernd annimmt. Schließlich kehrt Ralle verstört zum Wagen zurück. In Merheim werden die Schweineteile in den Sarg auf dem Fuhrwerk verstaut. Auf dem Rückweg überstehen sie die Kontrolle durch zwei Feldgendarmen mit Hilfe einer Lüge.

Zack hat auf Melaten Zacks Grab gefunden, Billi wurde vermutlich verhaftet

Nach Pauls Rückkehr finden sich Fatz, Hotte, Freddie, Ralle und Franzi bei ihm ein. Fatz informiert seine Freunde darüber, dass Bastian im Wehrertüchtigungslager Bad Vogelsang interniert ist. Hotte berichtet, dass er seine Einberufung zum Januar 1944 erhalten hat.

Schließlich teilt Ralle mit, dass er auf Melaten Zacks Grab entdeckt hat. Sie müssen davon ausgehen, dass Billi von Zacks Mutter verraten worden ist: Die Gruppe hat schon seit zwei Wochen nichts mehr von ihr gehört. Hotte will sich nach Billi erkundigen. Freddie schlägt vor, sich Föls vorzunehmen, und es kommt zum Streit über die Gewaltbereitschaft. Paul verfasst mit seiner Schreibmaschine Flugblätter.

Reaktionen

Am nächsten Tag erfährt Hotte, dass Billi tatsächlich verhaftet worden ist. Zwei Tage später findet eine HJ-Streife den zusammengeschlagenen Föls. Und auch Ziegen hat man eine Warnung an den Hauswänden zukommen lassen.

Bastian ist im Wehrertüchtigungslager dem typischen NS-Drill unterworfen. Seine Ausbilder schikanieren tagsüber die Inhaftierten und betrinken sich abends. Bastian ist dies alles ein Gräuel und entsprechend bekommt er Disziplinarstrafen. Er interessiert sich für einen Mitinsassen, einen Stahlarbeiter aus Dortmund. Dieser wird von den anderen schikaniert, weil ein Elternteil Halbjude ist.

Bastian wird im Wehrertüchtigungslager schikaniert

Zwei Woche nach Bastians Ankunft im Wehrertüchtigungslager stehen die inhaftierten Jungen auf dem Sportplatz. Zehn Jungen bleiben übrig, unter ihnen sind Bastian und der Dortmunder. Der Dortmunder wird mit einer Beleidigung weggeschickt, die übrigen neun sollen sich freiwillig zur Waffen-SS melden. Nur Bastian verweigert das und steht stundenlang im Freien. Am Abend legt sich Bastian beim Wachdienst mit einem Offizier an, am nächsten Morgen erfährt er vom Tod seines Vaters und schlägt daraufhin den Lagerleiter zusammen. Als er wieder zu sich kommt, liegt er in einem feuchten Keller und trauert um seinen Vater. Am zweiten Tag wird er mit einem Gummischlauch verprügelt, am dritten Tag wird er überraschend entlassen und macht sich zu Fuß auf nach Köln.

Verrät Billi die Edelweißpiraten?

Bastian läuft fast befreit Richtung Köln und durchlebt Erinnerungen an seinen Vater. Ein LKW-Fahrer nimmt Bastian in Euskirchen mit und fährt ihn bis Köln-Sülz. In der Landmannstraße weiß seine Mutter bereits, dass der Vater tot ist. Sie plant, zu Verwandten ins Allgäu zu ziehen, nachdem ein ausgebombtes Nazi-Ehepaar ins Haus ziehen soll. Frau Frei möchte, dass Bastian ebenfalls mitkommt. Bastian erklärt ihr, dass das nicht geht: „Die kriegen mich, darauf kannst du wetten.“ (S. 241) Elli fragt Bastian, ob der Wolf mit dem Tod des Vaters zu tun hat. Bastian bejaht und sagt, dass er ihm Steine in den Bauch legen wird. Bastian bringt Elli zurück ins Bett und bittet seine Mutter, die Freunde über seine Rückkehr zu informieren. Frau Frei erzählt, dass Paul ihnen die Fahrkarten ins Allgäu bezahlen will. Bastian rät ihr, anzunehmen. Schließlich informiert ihn seine Mutter über Billis Verhaftung. Bastian ist sich sofort der Tragweite bewusst.

Bastian wird bei *Ford* zum Osteinsatz abkommandiert

Bastian überwirft sich in den *Ford*-Werken mit Mahlmann und muss zum Osteinsatz. Als er seinen Spind räumt, beschimpft ihn Frericks, worauf Bastian ihm Gewalt androht. Bastian trifft wieder auf Jupp Jablonski, der sich mit ihm für das Wochenende verabredet. Am nächsten Morgen sieht Bastian, wie Jablonski einen Kasten im Rhein versenkt. Bastian bekommt vier Ostarbeiter zugeteilt, mit denen er Waggons beladen soll. Wird zu langsam gearbeitet, gibt es keine Mittagspause und die russischen Zwangsarbeiter haben eine harte Strafe zu erwarten. Die eingeschüchterten russischen Männer und Bastian werden vom Werkschutz beobachtet.

Jablonski wirbt Bastian für eine Sabotageaktion an

Jablonski und Bastian sitzen in einer Kneipe in der Venloer Straße und Jablonski erklärt Bastian seine morgendliche Sabotageaktion: Er will den Krieg verkürzen. Er will wissen, ob sich Bastian an einer größeren Aktion beteiligen würde. Bastian bittet aufgrund seiner familiären Situation um Aufschub. Aber es gibt kein Zurück für ihn: „Gegen die Nazis und durch die Wand.“ (S. 258)

Paul stellt Flugblätter her

Paul hört BBC und produziert auf seiner Schreibmaschine Flugblätter. Mit Lebensmitteln macht er sich auf in die Landmannstraße zu Bastian. Sie sehen sich erstmals seit Bastians Zwangsaufenthalt: Bastians Gesichtszüge sind härter geworden. Paul bringt Frau Frei die Lebensmittel, anschließend besuchen er und Bastian das Gestapofeld auf dem Westfriedhof. Bastian zeigt Zeichen der Radikalisierung, Paul ist überrascht.

Paul möchte mit Franzi fliehen, diese lehnt ab

Paul hat Besuch von Franzi, die sich große Sorgen um Paul macht. Paul schlägt eine gemeinsame Flucht vor, was Franzi ablehnt. Am nächsten Morgen ist Franzi verschwunden und Paul erfährt, dass sie sich einen freien Tag genommen hat. Als er nach seinem Arbeitstag zurückkehrt, sitzt Franzi zu seiner Erleichterung in seiner Kammer. Franzi erzählt, dass sie sich in Oberhausen auf die Spur von Peter König, dem Sohn einer Nazi-Größe, begeben hat. Von Frau Osmann, der Haushälterin der Königs, hat Franzi die Familiengeschichte der Königs erfahren und dass Frau Osmann auf Drängen der Gestapo Peter in Köln identifizieren soll (S. 270). Paul bekommt Angst, aber Frau Osmann hat ihre Hilfe versprochen.

Ziegen will Peter König als Spion einsetzen

Ziegen führt ein Dienstgespräch mit Dr. Blömer über das Vorgehen gegen den jugendlichen Widerstand. Ziegen informiert den Juristen, dass eventuell die Verhaftung der gesamten Edelweißgruppe möglich ist: Ziegen berichtet ihm von Bastian Frei, Peter König und Billi. Im Januar 1944 verabschieden sich die Edelweißpiraten am Hauptbahnhof von Hotte. Die Feldgendarmerie beobachtet sie dabei, ebenso Karlu.

Pauls neue Identität wird geprüft

Als ein schwarzer Opel auf das Gelände der Gärtnerei fährt, ist Paul und Franzi klar, dass der Tag der Wahrheit gekommen ist: Zwei Gestapoleute wollen Peter König sofort zur Identitätsprüfung ins EL-DE-Haus abholen. Paul holt seine Papiere und einer der Männer durchwühlt das Bett, nimmt ein Buch aus dem Regal und beginnt es auf dem Bett sitzend zu lesen. Paul wird wütend, schlüpft in die Rolle eines höheren Nazi-Zöglings und pöbelt den Mann an. Die Männer sind überrascht. Paul lässt sich nicht einschüchtern und einer der

Männer lenkt ein. Zu dritt fahren sie zum EL-DE-Haus, wo sie Ziegen schon erwartet. Paul grüßt mit Hitlergruß und angedeutetem Diener. Ziegen spricht ihn auf die Ungereimtheiten an und Paul erzählt die erfundene Geschichte des Peter König. Paul hat Angst, seine Hände zittern. Ziegen beendet seine Befragung und bringt Paul zu Frau Osmann, die die verabredeten Farben trägt. Paul spricht sie mit „Tante Martha" an, Frau Osmann spielt mit, umarmt ihn und beginnt zu weinen. Frau Osmann wird anschließend zum Bahnhof gefahren und Ziegen knöpft sich nochmals Paul vor: Warum er sich mit den Edelweißpiraten herumtreibe? Paul soll als Gestapospitzel agieren; er stimmt zu. Ziegen konfrontiert ihn daraufhin mit Flugblättern, die Paul auf seiner Schreibmaschine getippt hat, und will, dass Paul den Besitzer der Schreibmaschine findet. Ziegen nennt die Namen von Bastian und Otto und befiehlt Paul, regelmäßig Bericht zu erstatten. Schließlich zeigt er ihm noch den Rucksack und fragt nach „P. Stern" (S. 292). Dann darf er gehen.

Familie Frei und Opa Tesch reisen nach Pfronten

Am Hauptbahnhof verabschieden sich Paul, Franzi und Bastian von Frau Frei, Elli, Großmutter Frei und Opa Tesch, die mit dem Zug nach Pfronten reisen wollen. Auch Karlu ist da. Paul macht Elli Mut, dass sie im Allgäu ein besseres Leben haben wird. Anschließend lädt er Bastian und Franzi zum Essen ins Kolpinghaus ein. Dort erzählt Paul von seiner Spitzeltätigkeit, seinem Gespräch mit Ziegen und seinen Flugblättern, die im EL-DE-Haus gelandet sind: Enttäuscht stellt er fest, dass sie mit ihrer Aktion nur wenig erreichen. Bastian widerspricht. Dann fordert er Paul auf, Gegenspionage zu betreiben und mit ihm in Kontakt zu bleiben: Jeden Samstag um acht Uhr am Gestapofeld. Auch Ralle und Fatz sollen eingeweiht werden.

Bastian und Jablonski sabotieren LKWs der Wehrmacht

Aus einem Brief erfährt Bastian, dass seine Familie wohlbehalten im Allgäu angekommen ist. Bastian lebt in Ellis ehemaligem Kinderzimmer, den Rest der Wohnung hat das Nazi-Ehepaar belegt. Beim

Osteinsatz ist Jupp Jablonski verschwunden und eines Tages eröffnet ihm Frericks, dass er zusammen mit Jablonski vorübergehend an seinen Arbeitsplatz bei *Ford* zurückkehren kann, um Schweißarbeiten an kriegswichtigen LKWs durchzuführen (S. 302). Jablonski weiht Bastian in seinen Sabotage-Plan ein: Er will das Motorenöl der LKWs mit dem Schleifmittel Siliziumcarbit versetzen, was zu einem irreversiblen Kolbenschaden führe. Bastians Aufgabe soll es sein, das Carbit in die Verladehallen zu schmuggeln und Wache zu halten, während Jablonski die Motoren manipuliert. Im Falle der Entdeckung solle sich jeder um sich selbst kümmern. Bastian muss an Zack denken. Bastian und Jablonski erreichen ihr Ziel tatsächlich. In der Werkshalle helfen sie bei der Verbringung der LKWs auf die Güterwagen, fixieren sie und bedecken sie mit Planen. Drei Tage machen sie das und Jablonski gelingt es, die Motoren der LKWs mit dem Schleifmittel zu versetzen.

Die Sabotageaktion fliegt auf: Jablonski wird geschnappt

An einem der folgenden Tage verschläft Bastian und strampelt auf dem Fahrrad, um pünktlich zum Schichtbeginn da zu sein. Seine Fahrradkette springt ab und im nächsten Moment rauschen schwarze Opel in hohem Tempo durch das offene Werkstor. Zunächst will Bastian weglaufen, doch dann versucht er, durch ein anderes Werkstor in die Halle zu gelangen, und wird dabei von einem Werkschutzmann in eine Wachbaracke gestoßen. Dabei bricht ihm dieser die Nase. Als der Schlosser später zurückkommt, informiert er Bastian, dass ihre Sabotage-Aktion aufgeflogen ist und die Gestapo Jablonski in der Mangel hat. Wegen zerbombter Gleise war der Zug nur bis Werl gekommen. Die sabotierten LKWs wurden abgeladen und sollten bis Hamm fahren. Sie blieben jedoch bald mit Kolbenschaden stehen und schnell war klar, wer die Urheber dieser Aktion waren. Der Schlosser lässt Bastian laufen. Auf die Frage Bastians, was mit Jupp Jablonski sei, deutet der Werkschutzmann eine Erschießung an (S. 318).

Bastian will über Ralle Kontakt mit Otto aufnehmen

Der Verhaftung entgangen denkt Bastian an Jupps Rat und will fliehen. Plötzlich werden Bomben über dem Schlachthofviertel abgeworfen. Bastian nimmt sein Fahrrad und fährt Richtung Nippes. An einer noch qualmenden Ruine hilft er einem Mann, nach einer verschütteten Frau zu graben, die sie schließlich verletzt bergen können. Als Bastian sein Fahrrad holen will, ist es nicht mehr da. Er lässt im Feldlazarett am Schlachthof seine verletzte Nase versorgen und isst etwas. Inmitten der Menschen dort fühlt er sich allein. Ihm fällt Otto und der Untergrund ein. Bastian macht sich auf den Weg in die Gärtnerei, um dort Bescheid zu geben, dass er untertaucht, und um vielleicht Ralle zu treffen. Er gelangt unbemerkt in Pauls Kammer und versteckt sich auf dem Dachboden, bis er Franzi unten bemerkt: Sie schafft Ordnung in Pauls Kammer. Er beobachtet sie und macht sich schließlich bemerkbar. Franzi erzählt, dass Ralle häufig am Sarglager anzutreffen ist, und fährt Bastian mit dem Fuhrwerk dorthin. Bastian erzählt die Geschehnisse der letzten Stunden. Am Friedhof verabschieden sie sich. Bastian will nicht mehr in die Gärtnerei kommen.

Das Gespräch mit Otto ist schwierig

Ralle hat Bastian zu Otto gebracht, der ihm Unterschlupf gewähren will. Allerdings muss die Gruppe in die Altstadt umziehen, Bastian und ein gewisser Martin sollen den Keller gemeinsam vorbereiten. Dann erzählt Otto von seinem Plan, einen Wehrmachtstransport entgleisen zu lassen. Anschließend berichtet Otto von einem versteckten, defekten Auto, das Bastian eventuell reparieren könnte. Bastian stimmt zu und will das zusammen mit Ralle erledigen.

Frühjahr 1944: Die deutsche Niederlage bahnt sich an

Paul ist glücklich über die bessere Versorgungslage im Frühling. Allerdings greifen die feindlichen Flieger nun auch tagsüber an. Zweimal wird die Gärtnerei getroffen, die Schäden sind jedoch gering. Ende April greifen englische Bomberverbände Köln an und zerstören das, was bisher noch stand. Lagusch und Werner machen

Geschäfte auf dem Schwarzmarkt und Paul hilft ihnen dabei. Frau Rose versorgt inzwischen – bewusst oder unbewusst – auch Bastian und Ralle mit Essen. Bastians Verbindung zum Leben jenseits des Untergrundes ist Paul, der ihn mit Essen, Wäsche, Briefen seiner Familie, Neuigkeiten von Hotte und aus dem EL-DE-Haus versorgt. Seit einiger Zeit arbeitet auch Fatz in der Gärtnerei. Es versteht sich sehr gut mit Lagusch und lässt sich von ihm Lokalgeschichtliches erzählen, so die Vertreibung des damaligen Bürgermeisters Konrad Adenauer durch die SA 1933 und den Einmarsch der Reichswehr 1936.[25] Lagusch organisiert auch Futter für Hennes. Die Nationalsozialisten propagieren den Endsieg. Die BBC berichtet von der Rückeroberung der Krim durch die Russen und der Landung der Alliierten in Italien. Fatz erzählt vom Verschwinden der Edelweißpiraten, vom vermehrten Einsatz in Rüstungsbetrieben und dem Ausbau des Westwalls. Paul ist klar, dass er nur deshalb noch in Köln ist, weil er für Ziegen spionieren soll.

Bastian animiert Paul zur Gegenspionage

Paul und Bastian sitzen auf dem Gestapofeld im Gras. Bastian erzählt von seinem Leben bei Otto und den Aktionen, die auch schiefgehen. Bastian ist angesichts der Erfolglosigkeit frustriert und äußert die Sehnsucht nach seinem alten Leben mit den Edelweißpiraten. Paul beschäftigt seine Spitzeltätigkeit, für die er sich schämt. Bastian fordert Paul auf, regelmäßig bei Ziegen zu erscheinen, um für den Untergrund relevante Informationen zu bekommen. Paul berichtet, dass Ziegen und sein Team nach Brauweiler ziehen. Bastian bittet Paul herauszufinden, was mit den Gefangenen im EL-DE-Haus geschieht, wobei er an Billi denkt. Dann berichtet er von Ottos Plan, ihn und Ralle nach Hürth zu schicken, wo sie ein defektes Auto reparieren sollen.

---

25 Im März 1936 überquerten insgesamt 30.000 Soldaten der Wehrmacht die Rheinbrücken und begannen damit den deutschen Einmarsch in das entmilitarisierte Rheinland.

Zahlreiche Bombardements und Auflösungserscheinungen

Die Kriegslage in Köln spitzt sich immer mehr zu: Seit der Landung der Alliierten in der Normandie zieht sich die Wehrmacht aus der Stadt zurück, die Flugabwehr wird verlegt. Tiefflieger können ungestört angreifen, auch die Vororte werden beschossen. Zahlreiche Menschen versuchen, die Stadt zu verlassen. In der Nacht des 20. Juli 1944[26] stehen Franzi und Paul im Hof der Gärtnerei und beobachten einen sich anbahnenden Bomberangriff. Im Radio hören sie die Stimme Adolf Hitlers, doch die Übertragung bricht ab. Franzi und Paul sind zwar überrascht, aber inzwischen zu abgestumpft, um sich weiter Gedanken darüber zu machen. Am Tag darauf lesen Franzi und Paul von dem Attentat und bedauern sein Scheitern. Paul meldet sich nicht bei Ziegen und interessanterweise erscheinen keine Gestapobeamte in der Gärtnerei. In der Stadt kommt es zu Schießereien. In der Absicht, etwas über Bastian und Billi zu erfahren, sucht Paul Ziegen auf, der noch ein Büro im EL-DE-Haus hat. Paul realisiert, dass die Nationalsozialisten verwundbar sind. Ziegen fragt ihn, ob er sich auf den Endsieg freue (S. 343).

Bastian und Ralle wollen Lebensmittelmarken stehlen: Die Aktion misslingt

Bastian und Ralle wollen im Bezirksamt Lebensmittelkarten stehlen. Alles läuft nach Plan. Aus Freude über den geglückten Coup schießt Ralle mit seiner Pistole in die Luft. Bastian erschrickt, der Wagen stößt heftig gegen den Bordstein, rast über den Bürgersteig in ein Gebüsch: „Wir sitzen fest." (S. 345) Auf der Straße hinter ihnen bremst ein Wagen, eine Trillerpfeife und lautes Rufen ertönen. Ralle und Bastian verlassen das Auto und laufen in Richtung Ehrenfeld. Zwischen zwei Schuttbergen verschnaufen sie, als sie von einem Uniformierten zum Stehenbleiben aufgefordert werden. Als der Mann nach seiner Pistole greift, schießt Ralle auf ihn. Angeschossen fällt der Mann vom Rad, Ralle und Bastian laufen in un-

---

26 Eine Gruppe um Claus Schenk Graf von Stauffenberg versuchte am 20. Juli 1944, Hitler in einem seiner militärischen Lagezentren mit einer Bombe zu töten. Das Attentat misslang.

terschiedliche Richtungen davon. Bastian rennt zum Rhein und will die Hindenburgbrücke überqueren. Auf der Brücke hält ein Wagen mit Ziegen und Klapproth, Bastian steigt ein.

Paul erfährt durch Fatz von den Verhaftungen

Paul hat durch Fatz von der Verhaftung Bastians erfahren und verzweifelt beinahe an der Diskrepanz zwischen der friedvollen Natur und der bestürzenden Nachricht. Fatz berichtet, dass auch Ralle sowie Otto und seine Gruppe verhaftet worden sind. Plötzlich steht Franzi in der Tür und sagt, dass sie sofort verschwinden müssten. Paul und Fatz lehnen das ab: „Wir bleiben hier." (S. 348) Franzi fällt Paul um den Hals. Nach einem Besuch in der Stadt bringt Paul Handzettel mit. Ihm ist klar, dass für die in der Stadt verbliebenen Menschen und für die Gefangenen der Gestapo die Gefahr wächst. Paul nimmt sich vor, Ziegen zu befragen. Dieser lädt Peter König vor. Ziegen erzählt, dass er die Gruppe um Otto sowie Otto selbst und auch Bastian verhaftet hat. Er berichtet über den Besitzer des Rucksacks, den Juden Paul Stern, der nach Auschwitz deportiert worden sei. Er eröffnet Paul, dass dieser sicherlich in Kürze seinen Einberufungsbefehl erhalten wird und die Gefangenen hingerichtet werden; Prozesse seien nicht vorgesehen. Ziegen erzählt von Bastians Aussage in der Vernehmung, dass er Peter König gehasst habe: Paul realisiert, dass Bastian ihn schützt, und schämt sich.

Bastian droht die Hinrichtung

Paul räumt seine Kammer gründlich auf, verfasst einen Brief an seine Freunde (S. 354 f.), lässt diesen in der Schreibmaschine, steckt die Pistole in den Hosenbund und verlässt die Kammer.[27] Von Frau Jürgens im EL-DE-Haus erfährt er, dass Ziegen und Klapproth am Ehrenfelder Bahnhof sind. Der unschlüssige Paul geht ebenfalls dorthin. Pauls Blick fällt auf zwei schwarze Autos, dann auf die Hinrichtungsstätte. Fatz, der ebenfalls vor Ort ist, hatte von der Hinrichtung von 16 Zwangsarbeitern berichtet. Fatz erzählt Paul von

---

27 Es ist der 10. November 1944. Vgl. Bild, S. 108.

der drohenden Hinrichtung Bastians und anderer, die in 30 Minuten aus Brauweiler eintreffen werden. Paul fragt nach Ziegen und erfährt, dass dieser allein in seinem Auto sitzt. Paul bittet Fatz, den Edelweißpiraten bei deren Ankunft ihre Anwesenheit zu signalisieren: Fatz will auf seiner Mundharmonika spielen. Paul will sich Ziegen vornehmen und bittet Fatz zu laufen, falls es knallt.

Paul erschießt Ziegen

Paul steigt zum überraschten Ziegen ins Auto, hat keine Strategie und spielt auf Zeit. Er nimmt sich vor, Ziegen mit der Waffe zu bedrohen und die Freilassung der Edelweißpiraten zu fordern. Er nimmt die Pistole in die Hand und fragt Ziegen nach Billi. Die Stimmung kippt und Ziegen wird misstrauisch und will Paul einschüchtern. Paul hält ihm daraufhin die Pistole vor das Gesicht. Der überraschte Ziegen antwortet schließlich auf Pauls wiederholte Frage nach Billi, dass sie vermutlich im KZ oder tot ist und dass ihm das egal ist. Der LKW mit den Delinquenten fährt vor. Als Ziegen versucht, an seine Pistole zu gelangen, erschießt ihn Paul (S. 363), verlässt das Auto und verschwindet in Richtung Gleisaufgang.

Bastian kann fliehen

Bastian sitzt zusammen mit Ralle, Otto und anderen Gefangenen im LKW, bewacht von Föls und Klapproth. Der LKW hält, Klapproth fordert die Delinquenten zum Aussteigen auf. Plötzlich hören Bastian und Ralle das auf der Mundharmonika gespielte Lied *Edelweißpiraten sind treu*. Gerade als Föls sich darüber lustig machen will, ertönt ein Schuss. Klapproth und Föls gehen in Deckung, Bastian und Ralle springen vom LKW. Ralle stürzt auf Klapproth, Bastian stürzt mit dem Kopf auf den Asphalt. Dann nimmt er seine gesamte Kaft zusammen und schlägt Föls ins Gesicht. Er bemerkt das Auto mit dem toten Ziegen darin und sieht einen Schatten im Bahnhofstunnel verschwinden.

Epilog: Die Farbe der Hoffnung

Bastian flüchtet und versteckt sich in einem Pferdewagen der Müllabfuhr. Kurz vor der Müllhalde springt er ab. Versteckt beobachtet er die Müllmänner, die in eine Hütte gehen, sie wieder verlassen und endlich verschwinden. Bastian verlässt sein Versteck und findet in der Hütte Arbeitskleidung, die er anzieht. Er packt seine Gefängniskleidung und eine Taschenlampe und beschließt, sich zu seiner Familie ins Allgäu durchzuschlagen. Er macht sich umgehend auf den Weg, wobei er jede Begegnung meidet. Irgendwann hört er Schüsse und sieht Soldaten. Er wirft sich zu Boden, denkt an Zack und betet, nicht getroffen zu werden. Als er nach geraumer Zeit weitergeht, sieht er drei erhängte Männer, die dazu von Schüssen durchsiebt sind. „Vaterlandsverräter" steht auf einem Schild; zwei Jungen in seinem Alter und ein alter Mann. Bastian denkt an seine Freunde und fragt sich, ob sie der Hinrichtung entkommen konnten. Erschöpft klettert er auf einen Baum und fällt in einen kurzen schweren Schlaf. Er muss wieder an seine Freunde denken, quält sich und ruft schließlich: „Hier bin ich. Ich bin kein Held!" (S. 377)

Bastian will nach Pfronten zu seiner Familie

Bastian quält sich weiter mit Selbstvorwürfen, aber der Gedanke an Elli gibt ihm Kraft. Er läuft weiter, wird von einem Hasen und Hund abgelenkt und übersieht dadurch einen Lieferwagen, der neben ihm hält. Der Fahrer bietet Bastian an, ihn bis Remagen mitzunehmen, und Bastian steigt ein. Vor Remagen machen sie gemeinsam Brotzeit, ehe Bastian zu Fuß weiterwandert.

Bastian quält sein Gewissen

Franzi wartet verzweifelt auf Paul, der verschwunden ist. 13 Edelweißpiraten aus der Gruppe von Otto werden öffentlich hingerichtet (S. 385; vgl. Bild S. 108), auch Ralle wird gehenkt. Billi, Bastian und Fatz bleiben verschollen. Am Abend des 11. November 1944 liest Lagusch einen Zeitungsbericht von der Erschießung Ziegens vor: Franzi kombiniert und sucht Pauls Pistole in der Kammer. Als sie diese nicht findet, wird ihr klar, dass es einen Zusammenhang geben

Franzi wartet verzweifelt auf Paul, der verschwunden bleibt

muss. Mit der Zeit schwindet ihre Hoffnung auf ein Wiedersehen mit Paul, auch von Hotte kommt kein Lebenszeichen. Die Bewohner der Gärtnerei hoffen auf das Kriegsende.

Bastian hat keine Lust mehr zu lügen

Bastian setzt seinen Weg ins Allgäu fort und wird von einem Auto angehalten: Ein Polizist verlangt seine Papiere und befördert ihn auf die Wache, wo Bastian die Nacht in einer Zelle verbringt. „Da war es wenigstens warm und trocken. Und eine Suppe gab es auch." (S. 388) Am folgenden Tag tischt er einem Gestapobeamten seine erfundene Überfallgeschichte auf, wobei er sich Fritz Wils nennt. Erschöpft nennt er plötzlich seinen richtigen Namen, gesteht seine Flucht und wird in ein Nebenlager des KZs Dachau gebracht. Die Zustände und Arbeitsbedingungen im Lager sind menschenverachtend. Bastian teilt seine Pritsche mit Alfons, der ihn in der Winterkälte wärmt. Beide sprechen sich gegenseitig Mut zu. Im Januar 1945 erhalten sie den Befehl, zerstörte Gleise zu reparieren. Die Arbeit ist so anstrengend, dass Bastian und Alfons wissen, dass sie den Strapazen nicht lange gewachsen sein werden: Sie planen ihre Flucht, die tatsächlich gelingt. Beim Absprung vom Zug verletzt sich Bastian am Fuß. Alfons nimmt Bastian auf den Rücken und trägt und stützt ihn. Erst nach drei Tagen kann Bastian wieder halbwegs laufen. In der Nähe eines Gehöfts trennen sie sich, da Alfons nach Österreich will. Tief bewegt sieht Bastian Alfons lange nach.

Franzi erwartet ein Kind von Paul

Franzi wartet weiterhin auf Paul. Fatz erzählt ihr von den Geschehnissen am 10. November und seiner Einschätzung, dass Ziegen von Paul erschossen wurde. Franzi stellt fest, dass sie schwanger ist. Nach Phasen von abwechselnder Freude und tiefer Depression spürt sie eine neue Kraft in sich. Sie setzt sich abends in Pauls Kammer und erzählt ihrem Kind Geschichten. So auch die Geschichte von den zwei Juden im Gefängnis, eine Geschichte der Hoffnung.

Bastian kommt auf einem Bauernhof unter: Sein Fuß wird versorgt und er wird verpflegt. Er erzählt seine Geschichte des Edelweißpiraten. Die Bäuerin schenkt ihm die HJ-Uniform ihres Sohnes. Nach einigen Tagen setzt Bastian seinen Weg nach Pfronten fort. Die Eheleute geben ihm Proviant und Geld und der Bauer bringt Bastian zum Bahnhof. Dort gibt er ihm seine Adresse und fordert Bastian auf, im Notfall zu ihnen zurückzukehren. Angespannt macht Bastian sich auf den Weg, doch in seiner HJ-Uniform wird er nicht kontrolliert. Nach dem Umsteigen fragt er im Zug einen Jungen nach dem Hof der Sängers, wo seine Familie lebt.

Ein Bauernehepaar kümmert sich um Bastian

Die Freude ist riesig, als Bastian auf dem Hof eintrifft. Beim gemeinsamen Abendbrot fragt Bastian nach Neuigkeiten aus Köln. Opa Tesch, der gelegentlich Post von Karlu bekommt, berichtet von der Hinrichtung von Ralle, Otto, Martin und anderer. Bastian vergeht der Appetit und er fragt nach Paul, Fatz, Billi und Franzi. Opa Tesch berichtet von der Ermordung Ziegens. Bastian erzählt im Gegenzug seine Geschichte. Da gesteht ihm seine Mutter, dass sie der Gestapo den aktuellen Aufenthaltsort der Familie mitgeteilt hat. Bastian realisiert, dass er bei seiner Familie nicht sicher ist. Seine Mutter bittet ihn, wenigstens eine Nacht zu bleiben.

Bastian findet seine Familie

Gegen Morgen schon wird Bastian verhaftet und zur Polizeistation gebracht. Er wird verhört und erzählt von den hinter ihm liegenden Ereignissen. In der Zelle, in die er anschließend gebracht wird, hört er eine laute Auseinandersetzung und bekommt Angst. Ein Beamter bringt Bastian zurück in das Dienstzimmer, wo ihm zu seiner großen Überraschung eröffnet wird, dass er gehen kann. Bastian kann es nicht glauben. Der Nazifunktionär erläutert seine Handlungsweise: Er hält den Krieg für verloren und bittet Bastian, nach dem Krieg von seiner Großzügigkeit zu berichten. Widerstrebend sagt er zu, verlässt ungläubig mit Lebensmittelmarken die Dienststelle und kehrt zu seiner Familie zurück. Die Übereinkunft

Bastian wird verhaftet und wieder freigelassen

zwischen ihm und dem Nazi verschweigt er. Später stellt sich heraus, dass der Junge im Zug seinem Vater, dem Revierleiter, von dem Treffen mit Bastian erzählt hatte.

Kriegsende

Elli sitzt am Tisch und malt ein Bild, Bastian sitzt mit Herrn Wutz neben ihr. Plötzlich ruft Tante Anni, dass Hitler tot ist und die Amerikaner bald in Berlin sein werden. Bastian will jubelnd aufspringen, doch er bleibt bei seiner Schwester sitzen, die voller Ernst an ihrem Bild arbeitet. Bastian denkt an seine Familie, seine Freunde und vor allem an Paul. „Sie alle hatten dafür gesorgt, dass in diesem Krieg die Hoffnung nicht untergegangen war." (S. 410)

3.3 Aufbau

ZUSAMMEN-FASSUNG

Der Roman *Wir tanzen nicht nach Führers Pfeife* besteht aus einem Prolog sowie zwei Hauptkapiteln und einem Epilog. Die Hauptkapitel und der Epilog sind aus Unterkapiteln aufgebaut, Hauptkapitel und deren Unterkapitel sind durch erzählerisch gesetzte Spannungsbögen miteinander verbunden, ebenso Prolog, Hauptkapitel und Epilog.

Der Roman beginnt mit einem Prolog und endet mit einem Epilog. Dazwischen eingebettet sind zwei Kapitel, die die eigentliche Romanhandlung tragen: Teil eins: *Der brennende Himmel* und Teil zwei: *Der Tod beugt sich über mich.*

Prolog: erste Informationen

Der Prolog ist eine dem eigentlichen Erzähltext vorangestellte Einleitung. Diese Einleitung hat u. a. die Funktion, dem Rezipienten Informationen über den Erzähltext zu vermitteln, damit er das Dargebotene einordnen und verstehen kann. Gleichzeitig wird beim Leser eine Erwartungshaltung geweckt, die eine erhöhte Leseaufmerksamkeit bewirkt.

Wecken einer Erwartungshaltung

Der Prolog in *Wir tanzen nicht nach Führers Pfeife* beschreibt ein Treffen von Funktionsträgern von Polizei und SS und beginnt wie folgt: „Wir müssen diese Jugendlichen mit allergrößter Härte und Entschlossenheit bekämpfen." (S. 7) Dieser Satz ist programmatisch für die Romanhandlung, denn er kündigt ein konfliktreiches Geschehen an, wirkt also wie ein Ausblick. Zugleich bekommt das „Wir" ein Gesicht, da alle im Prolog erscheinenden Personen mit Namen genannt werden. Offen bleibt, wer diese Jugendlichen sind und warum die Nazis sie bekämpfen. Dies sorgt für ein spannendes

Moment und weckt beim Leser die o.g. Erwartungshaltung. Damit ist ein Spannungsbogen zu Teil eins des Romans gesetzt.

Teil eins des Romans, *Der brennende Himmel*, nimmt die offenen Fragen aus dem Prolog auf. In den ersten drei Unterkapiteln wird der Rezipient über Handlungszeit (1943), Handlungsort (Köln) und die handelnden Personen informiert.

Zunächst wird Paul eingeführt. Dieser trifft auf eine Gruppe Jugendlicher, über die es wie folgt heißt:

> „‚Ich komme zurecht', sagte Paul. ‚Aber mal so unter uns: Was seid ihr überhaupt für ein Verein?'
> Fatz stellte das Revers seiner Jacke auf und zog den Kragen glatt. Das Abzeichen war jetzt nicht mehr zu übersehen: Es zeigte ein Edelweiß.
> Bastian legte ihm den Arm auf die Schulter. ‚Verein, Paul – ich weiß nicht. Wir sind eher so eine Art zwangloser Haufen, ohne Befehle und Rottenführer. Wir singen und wandern und lassen uns das nicht verbieten.'" (S. 25 f.)

Der brennende Himmel: Exposition Schlüsselhandlung

Damit ist einerseits die Gruppe porträtiert, zugleich wird klar, dass es diese Jugendlichen sind, die die Nazis bekämpfen wollen. Es konstituiert sich also eine Art konfrontative Personenkonfiguration mit den Nazis auf der einen und den Jugendlichen auf der anderen Seite.

Die ersten drei Unterkapitel sind die Exposition des Romans. Die Exposition, ein Begriff aus der Dramenlehre, ist immer ein Teil der Handlung, während der Prolog außerhalb des Handlungskontextes steht.

Ebenfalls in *Der brennende Himmel* ist ein Schlüsselgeschehen des Romans angesiedelt, nämlich die Erschießung Zacks durch das Militär. Die Tötung des Jungen löst die in Gewalt mündende Hand-

Der Tod beugt sich über mich: eine Gewaltspirale

lungskette aus, die im zweiten Teil des Romans, *Der Tod beugt sich über mich,* erzählerisch dargestellt wird. Diese Handlungskette basiert gewissermaßen auf der Konfrontation zwischen Bastian und Ziegen, die als Reiz-Reaktions-Schema beschrieben werden kann. Markante Stationen dieser Handlungskette sind Flugblattaktionen, besonders die im Hauptbahnhof (vgl. S. 203 f.). Sie wird von Ziegen mit Bastians Einweisung ins Wehrertüchtigungslager geahndet. Außerdem lässt Ziegen Billi verhaften, woraufhin die Edelweißpiraten den Folterer Föls zusammenschlagen und Ziegen eine Warnung zukommen lassen (S. 230). Bastian erfährt im Wehrertüchtigungslager vom Tod seines von den Nazis internierten Vaters, woraufhin er den Lagerleiter zusammenschlägt. Ziegen reagiert darauf mit Osteinsatz für Bastian. Dieser beteiligt sich wiederum an einer Sabotageaktion (S. 310 f.), welche allerdings auffliegt. Ziegen lässt Bastian suchen, weshalb dieser in den Untergrund geht. Dort führt er weiterhin Sabotageaktionen durch und wird schließlich von Ziegen gestellt, verhaftet (S. 347) und soll hingerichtet werden. Diese Handlungskette kulminiert in der Erschießung Ziegens durch Paul (S. 363), der von Ziegen auf Bastian angesetzt worden war. Bastian kann entkommen. Mit dem plötzlichen Tod Ziegens und der Flucht Bastians endet das Kapitel *Der Tod beugt sich über mich.*

Epilog: Hoffnung als Kraftspender

Im sich anschließenden Epilog *Die Farbe der Hoffnung* wird die Flucht Bastians aufgenommen und ihr Verlauf geschildert: sein Versuch nach Pfronten zu gelangen, seine Verhaftung und der Aufenthalt im Nebenlager des KZs Dachau, seine erneute Flucht und schließlich seine Ankunft in Pfronten mit nochmaliger kurzer Inhaftierung und Sicherheit am Kriegsende. Auch Franzis Leben nach dem Verschwinden Pauls wird im Epilog thematisiert. Durchzogen wird der Epilog vom Prinzip Hoffnung (vgl. auch Kapitel 3.7). Dies betrifft sowohl Franzi, die sich für Pauls Kind entscheidet, als auch

Bastian, der seine Kraft aus der Hoffnung auf ein besseres Leben schöpft.

Teil eins, Teil zwei und der Epilog bestehen aus Unterkapiteln, die wie einzelne Szenen anmuten. Verbunden werden die einzelnen Unterkapitel durch von Zöller erzählerisch gesetzte Spannungsbögen. Diese Spannungsbögen resultieren einerseits aus den erzählten Handlungen und aus dem Kriegsgeschehen. Exemplarisch dafür soll folgendes Zitat stehen:

> „Sie warteten auf den Voralarm. [...] Köln war bis zu diesem Tag bereits 173-mal das Ziel gewesen. Der von allen erwartete Großangriff war bisher ausgeblieben. Seit Tagen zogen die Bomber in großer Höhe über sie hinweg." (S. 108)

Die Bewohner Kölns (und auch der Leser) erwarten mit Spannung einen Großangriff, der schließlich erfolgt und in allen Phasen beschrieben wird (S. 113 ff.).

Spannungsbögen verbinden Kapitel

Auch die Kapitel *Der brennende Himmel*, *Der Tod beugt sich über mich* und der Epilog sind durch einen Spannungsbogen miteinander verbunden. Wie oben erwähnt, endet *Der Tod beugt sich über mich* mit der Erschießung Ziegens und dem Fluchtversuch Bastians und der anderen Delinquenten. Der Ausgang bleibt allerdings offen. Die daraus resultierende Spannung wird mit dem Beginn des Epilogs aufgenommen und die Flucht des Jungen geschildert. Das Kapitel *Der brennende Himmel* endet mit einem Besuch Bastians bei Otto, der für Paul einen Pass fälschen soll. Otto erwartet eine Gegenleistung, deren Natur erst einmal offen bleibt und so für ein spannendes Moment sorgt.

PROLOG
Nazis vs. Jugendliche
Teil 1
Der brennende Himmel
Handlungszeit
Handlungsort
Handelnde Personen
Schlüsselereignis = Erschießung Zacks
Teil 2
Der Tod beugt sich über mich
Handlungskette Bastian – Ziegen (Gewaltspirale)
EPILOG
Die Farbe der Hoffnung
Bastian ist frei
Franzi möchte Pauls Kind bekommen
Hauptteil

3.4 Personenkonstellation und Charakteristiken

ZUSAMMEN-FASSUNG

Die Hauptfiguren des Romans:

Paul Stern, Halbjude
→ wird von den Edelweißpiraten vor Verfolgung geschützt
→ erschießt Eugen Ziegen und verschwindet

Bastian Frei, Edelweißpirat
→ radikalisiert sich
→ wird von Paul vor der Hinrichtung gerettet

Franzi Hummel, Edelweißpiratin
→ liebt Paul Stern
→ bleibt 1945 schwanger von ihm zurück

Eugen Ziegen, Gestapo
→ auf Edelweißpiraten angesetzt
→ wird von Paul erschossen

Wichtige Nebenfiguren sind:
→ Edelweißpiraten Billi, Fatz, Freddie, Hotte, Ralle, Zack
→ Jupp Jablonski (Bastians Kollege bei *Ford*; Saboteur)
→ Lagusch (Anhänger Hitlers; vollzieht eine Entwicklung)
→ Otto Steinkamp (Widerständler; wird gehängt)

Paul Stern

Halbjude

Im Juni 1943 ist Paul Stern „ein Experte im Weggehen“ (S. 354) mit der Bereitschaft, sein Leben mit der Waffe zu verteidigen. Im

November 1944 ist es sein Wunsch, sesshaft zu werden, mit der Bereitschaft, andere zu verteidigen. Der Beginn dieser Entwicklung ist eine Flucht.

Wehrhaft

1943 ist Paul Stern 17 Jahre alt. Er lebt in dem bei Bergisch Gladbach gelegenen Ort Eikamp als Sohn eines jüdischen Kohlenhändlers. Seine Mutter ist verstorben. Nach der im Mai 1943 erfolgten Internierung seines Vaters im Sammellager Müngersdorf zur Verschickung in den Osten will Paul, „der evangelisch getaufte Halbjude“ (S. 14), diesem Schicksal entgehen und in Köln untertauchen. Sein Überlebenswille ist – im Gegensatz zu dem seines Vaters – von außerordentlicher Entschiedenheit, wie er Bastian erklärt: „Ich habe mich entschieden. Für mich und mein Leben. Gegen das, was mein Vater getan hat. Und ich werde die Pistole benutzen, wenn einer daherkommt und versucht, es mir zu nehmen.“ (S. 51) Entsprechend ist sein Auftreten in für sein Empfinden bedrohlichen Situationen: „Als würde er Maß nehmen, dachte Bastian.“ (S. 23)

mitfühlend

Empathisch und intelligent

Nichtsdestotrotz ist Paul Stern ein empathischer Mensch. In Frau Roses Gärtnerei empört er sich über die schlechte Behandlung eines Pferdes: „‚Was fällt euch ein, das Tier so verwahrlosen zu lassen?‘, schnauzte Paul. Er konnte sich nicht zurückhalten.“ (S. 160 f.) Kurz entschlossen kauft er das Tier, brüskiert dadurch den Nazi Lagusch und behandelt es liebevoll und sachkundig. Während des „Peter-und-Paul-Angriffs“ rettet Paul ohne Rücksicht auf sich selbst Bastians Familie vor dem sicheren Tod und finanziert ihr die Reise ins sichere Allgäu. Paul Stern ist intelligent und sorgt u. a. durch Transportdienste mit seinem Pferd selbstständig für seinen Lebensunterhalt. Intelligent verhält er sich auch im Verhör durch Ziegen, vor dem er in der falschen Identität „Peter König“ sitzt und geprüft wird. Wissend, dass die nationalsozialistische Ideologie Schwäche verachtet, begründet er sein von Ziegen beanstandetes Verhalten mit Scham wegen seiner (angeblichen) posttraumatischen Belastungsstörung:

> „Es ist mir wirklich unangenehm, um nicht zu sagen peinlich. Ich wollte meinen Vater nicht enttäuschen. Er ist in der SS. Nein, er war in der SS. Der Führer und die Partei waren für ihn alles. Für mich, seinen Sohn, wollte er nur das Beste. Ich sollte wie er dem Führer dienen." (S. 284)

Liebe zu Franzi macht ihn angreifbar

Zunächst jedoch flieht Paul vor solchen Menschen wie Ziegen. Er lernt Franzi Hummel kennen, in die er sich verliebt und durch die er in den Kreis der Ehrenfelder Edelweißpiraten gelangt. Durch seine bitteren Erfahrungen desillusioniert, hält Paul sie zunächst für „Träumer" (S. 354). Angeregt durch den Mut und die Kraft der Gruppe, den Verhältnissen zu trotzen, und ihre Fürsorge für ihn, hat Paul schließlich einen anderen Blick auf die Dinge.

Erst einmal empfindet er seine Situation aber als schwierig. Mit seinem Selbstverständnis als „Kohlenträger und Judenbengel" (S. 137) fürchtet er, Franzi nicht halten zu können: „Er hatte Angst vor dem Verlust." (S. 137) Dann sind da noch die Edelweißpiraten, die ihn in einer Schrebergartenkolonie verstecken und denen gegenüber er sich in gewisser Weise schuldig fühlt: „Er war mit sich und seiner Rolle nicht ganz einverstanden. Er hatte sich eingerichtet. [...] Und Bastian und Hotte und all die anderen hielten den Kopf hin." (S. 143) Ambivalent sind seine Gefühle angesichts seines Umzugs in die relativ sichere Gärtnerei, den er einerseits ersehnt, aber doch auch fürchtet: „Aber diesmal war es mehr als die übliche Beklemmung, wenn er etwas Neues riskieren musste. Das hier war so etwas wie ein wichtiger Schritt, eine Entscheidung." (S. 155)

Erschießt aus Rache Ziegen

Die Zuneigung zu Franzi und das Verhalten der Edelweißpiraten bewirken eine Änderung im Verhalten Paul Sterns. Will er angesichts der Verhaftung Billis erst noch fliehen (S. 267), so lehnt er dies nach Bastians Verhaftung ab (S. 348). Er liebt nicht nur Franzi, sondern empfindet sich als Teil einer Gemeinschaft, deren Widerstand einer tief empfundenen Humanität entspringt. Er möchte zu dieser Gemeinschaft gehören, weshalb er „eine Geschichte abschließen" (S. 355) möchte. Diese Geschichte ist sein bisheriges Weggehen-Wollen. So ist für ihn der Versuch, Bastian zu retten, nicht nur ein Freundschaftsbeweis, sondern auch ein symbolischer Akt. Er geht dabei mit einer Konsequenz vor, als ginge es um sein eigenes Leben. Er tötet Ziegen und wird so zum Rächer seiner toten und verfolgten Freunde und auch zum Rächer seines von den Nazis ermordeten Vaters.

Reales Vorbild: Paul Urbat

Was nach der Erschießung mit Paul Stern geschehen ist, lässt der Roman offen. Reales Vorbild für den fiktiven Paul Stern ist Paul Urbat, der sich der Gruppe um Hans Steinbrück angeschlossen hatte und vermutlich von der Gestapo getötet wurde.[28]

Bastian Frei

Wandervogelbewegung

Der Edelweißpirat Bastian (Sebastian) Frei ist in einem von der Wandervogelbewegung[29] geprägten Elternhaus groß geworden. Zum Zeitpunkt der Handlung ist sein Vater, Schlosser bei „Klöckner-Humboldt-Deutz" und gewerkschaftlich engagiert, in einem Lager im Emsland interniert, wo er später bei einer Minenräumung getötet wird. Bastians Mutter Johanna Frei bestreitet derweil den Lebensunterhalt der Familie, zu der auch Bastians kleine Schwester Elli sowie die Großmutter gehören. Bastian lässt sich in den *Ford*-Werken zum Schlosser ausbilden. Zunächst hatte er dort als Page am Empfang gearbeitet, „Herrschaften zu den Büros geführt, die

---

28 Zu Paul Urbat siehe Kapitel 3.1, Entstehung und Quellen.
29 Schon um die Jahrhundertwende bildete sich diese Jugendbewegung. In der Weimarer Zeit spaltete sich der Wandervogel in verschiedene bündische Bewegungen auf, die diverse ideologische Ausprägungen bekamen. In der Nazizeit wurden die Bünde gleichgeschaltet. Vgl. Kapitel 5 Material, Die Edelweißpiraten.

Türen aufgehalten, die Aschenbecher geleert und die Kaffeetassen gespült" (S. 88). Den Ausbildungsplatz zum Schlosser verdankt er Mahlmann, einem Bekannten seines Vaters. Von ihm, inzwischen Obmann und Hauptsturmführer, wird Bastian protegiert: „‚Wegen deines Vaters', wie er sagte. Später hieß es: ‚Trotz deines Vaters.'" (S. 88) Bastian düpiert Mahlmann später und bringt ihn gegen sich auf.

Romantiker

Bastian ist ein Romantiker. Er liebt das Siebengebirge im Allgemeinen und den Felsensee im Besonderen. Auf dem lebensgefährlichen Marsch ins Allgäu singt er das Lied vom Felsensee, um sich Mut zu machen (S. 384). Er ist in Franzi verliebt, die mit ihm auf einem der Ausflüge ins Siebengebirge geknutscht hatte. Für Franzi war es ein Spaß, Bastian erhoffte sich dagegen mehr. Diese Ausgangslage beeinflusst zu Beginn seine Freundschaft zu Paul, als er erkennen muss, dass Franzis Herz Paul gehört.

Guter Handwerker

Zwar gehört Bastian den Edelweißpiraten an, doch im Grunde seines Herzens sehnt er sich nach einem anderen Leben. Dies zeigt sich besonders in jener Sequenz, in der er nach der ersten Hafterfahrung im EL-DE-Haus in die *Ford*-Werke zurückkehrt und ihm von Mahlmann die Möglichkeit offeriert wird, an einem wichtigen Projekt mitzuarbeiten und die Gesellenprüfung früher als erwartet ablegen zu können. Bastian ist über diese Chance hoch erfreut:

> „Bastian hätte vor Stolz platzen können. Er war also so gut, dass er seine Prüfung zum Schlossergesellen vorziehen könnte! Er nickte und verließ die Werkshalle. […] Beschwingt machte er sich auf den Weg nach Hause." (S. 92)

Zerrissen

Im tiefsten Inneren möchte Bastian nichts anderes sein als ein guter Handwerker („Das war die Welt, in die er gehörte." S. 90). Doch Hotte hält ihm einen Spiegel vor: Als sein Freund ihn der Kollaboration bezichtigt, knickt Bastian ein (S. 98). Die Zeit lehrt Bastian, dass es kein „normales Leben“ geben kann. Sensibilisiert durch die Internierung und den Tod seines Vaters, sichert er Jupp Jablonski seine Unterstützung bei einer Sabotage-Aktion zu (aber erst, nachdem er seine Familie aus der Gefahrenzone weiß). Doch Bastian hat auch einfach Angst, wie folgendes Zitat zeigt:

> „Ruhelos wälzte sich Bastian im Bett. Dabei war er todmüde. Für einen Augenblick hatte er das Gefühl gehabt, endlich das Richtige zu tun. Etwas, was den Krieg verkürzte. Gleichzeitig fühlte er, wie er die Kontrolle verlor, wie die Dinge sich von selbst weiterentwickelten und in Bewegung kamen. Wie er mitten hineingeriet und mitgerissen wurde.“ (S. 308)

Was wurde aus den Freunden?

Auf seiner Flucht nach Pfronten plagt Bastian sein schlechtes Gewissen wegen seiner Freunde. Und als der mentale Zusammenbruch da ist, schreit er sich die Angst aus dem Leib: „Hier bin ich. Ich bin kein Held!“ (S. 377) Fakt ist, dass Bastian bei aller Zerrissenheit in der Tradition seines die Nazis verachtenden Vaters handelt, der ihm Respekt vor im Nazi-Jargon sogenannten Minderwertigen beigebracht hat und auf den er stolz ist.[30]

Radikalisiert sich

Die Erschießung Zacks, seine Erlebnisse im EL-DE-Haus, vor allem jedoch der Tod seines Vaters in der sogenannten Schutzhaft verändern Bastian. Hasst er zu Beginn der Handlung Waffen („Ich mag diese Dinger nicht. Wo geschossen wird, ist Lärm.“ S. 50), so tadelt er später Freddie und Ralle, weil die den Folterer Föls nicht erschossen haben (S. 264).

Bastian und Paul: wahre Freunde

Als die mit Jablonski durchgeführte Sabotageaktion entdeckt wird, bringt das Bastian in Lebensgefahr und er geht in den Unter-

---

30 Dazu siehe Kapitel 6, Prüfungsaufgaben mit Musterlösungen, Aufgabe 2.

grund zu Otto Steinkamp. Schließlich wird Bastian von Ziegen, vor dem er große Angst hat, verhaftet. Im Verhör erweist sich Bastian als wahrer Freund und schützt Paul durch falsche Behauptungen (S. 353). Bastian soll hingerichtet werden. Als Ziegen gegenüber Paul abfällig über Bastian redet (S. 361), bestärkt das Paul in seinem Vorhaben, Ziegen zu töten. Durch die Ermordung Ziegens und dem darauffolgenden Tumult wird Bastian vor der Exekution gerettet.

Nach einem langen Leidensweg, der Bastian u. a. in ein Nebenlager des KZs Dachau führt, gelangt er zu seiner Familie nach Pfronten im Allgäu. Auch dort wird er noch einmal verhaftet, aber aufgrund des nahen Kriegsendes von einem Nazifunktionär, der sich einen Vorteil davon verspricht, freigelassen. Zusammen mit seiner Familie erwartet Bastian das Kriegsende im Allgäu.

Reales Vorbild: Fritz Theilen

Reales Vorbild für die Figur des Bastian ist der Ehrenfelder Edelweißpirat Fritz Theilen. Stationen seines Lebens hat Elisabeth Zöller ihrer Romanfigur Bastian zugeordnet (vgl. Kapitel 3.1).

Franzi Hummel

Franzi ist 17 Jahre alt und attraktiv: Sie wird als groß und schlank mit strahlenden blauen Augen beschrieben (S. 19). Sie lebt und arbeitet bei ihrer Tante in einer Gärtnerei.

Kämpft hart für ihre Beziehung zu Paul

Franziska, genannt „Franzi“, hat einen wachen Blick für Menschen und erkennt schnell Pauls verzweifelte Lage bei ihrem ersten Zusammentreffen (S. 20). Sie bringt sich selbst in Gefahr, als sie Paul an der Feldgendarmerie vorbei in das linksrheinische Köln bringt. Sie ist die Tatkräftige, die ohne zu zögern die Dinge anpackt.

Bastian ist nach einer für Franzi belanglosen Knutscherei in sie verliebt. Doch Franzi verliebt sich augenblicklich in Paul und möchte mit ihm zusammen sein, wofür sie viel tut. Sie schert sich nicht um die geschlechtsspezifische Rollenverteilung, sondern geht offensiv auf ihn zu: „Als Paul an Franzi vorbeiging, flüsterte sie ihm zu: ‚Ich würde dich gerne wiedersehen. Tu alles, damit das klappt.'" (S. 32) Nachdem Franzi und Paul ein Paar geworden sind, sorgt sie dafür, dass er mit seiner falschen Identität als Peter König bei ihrer Tante wohnen und arbeiten kann. Außerdem warnt sie ihn vor dem Nazi Lagusch.

Franzi liebt das Leben und will es sich durch den Krieg und die Nazis nicht kaputtmachen lassen (S. 157). Ihre Zeit mit Paul empfindet sie als außerordentlich kostbar:

> „Sieh dich doch mal um: Weißt du, ob du heute Abend noch lebst? Ob sie dir nicht dein Leben wegbomben oder Pauls oder meins? Oder ob sie uns erwischen und einlochen, so wie Billi? Ich genieße einfach jede Minute, jede Sekunde mit Paul – solange wir uns haben." (S. 322)

Lehnt eine Flucht mit Paul ab

Zu einer Schlüsselsituation für die Beziehung kommt es, als Paul nach Billis Verhaftung mit Franzi fliehen will und diese ablehnt: „Nein, danke. Ich kann das nicht. Weggehen. Mutter geht weg, das Kinderkrankenhaus wird evakuiert. Einer muss bleiben und auf Nachrichten von Hotte warten." (S. 267) Franzi sind ihre emotionalen Beziehungen sehr wichtig: „‚Erst Zack, dann Billi. Meine Mutter und jetzt auch noch Hotte.' Franzi weinte nicht mehr, aber Paul ahnte ihren Kummer. ‚Lass du mich nicht auch noch allein.'" (S. 277 f.) Deshalb verstärkt Franzi nach den zahlreichen Verlusten ihre Bemühungen um Paul und seine Scheinidentität. Sie sucht Frau Osmann, die Haushälterin der Nazi-Familie König, auf (S. 270 f.) und kann Paul vor dem unmittelbaren Zugriff Ziegens bewahren.

Hoffnung und Zuversicht

Doch das Verhängnis aufhalten kann sie nicht. Auslöser alles Folgenden ist ebenfalls eine emotionale Bindung, nämlich die zwischen Paul und Bastian. Bastian wird von Paul vor seiner Hinrichtung gerettet, wobei Paul vermutlich sein Leben verliert. Zurück bleibt eine traurige und von Paul schwangere Franzi, die sich nach Phasen der tiefen Verzweiflung für das Kind entscheidet: „Doch sie spürte auch, dass sie wieder stark wurde. Mit ihrem Kind. Langsam kehrte die Zuversicht zurück. Auch wenn Paul nicht wiederkäme, für ihn und für ihr gemeinsames Kind würde sie alles schaffen." (S. 397)

Eugen Ziegen

Oberkommissar in Diensten der Gestapo

ist Oberkommissar der Kölner Polizei mit einem Büro im EL-DE-Haus und für die Verfolgung Widerständischer und Krimineller zuständig. Sein Leben außerhalb des EL-DE-Hauses besteht aus ein paar Bier nach Dienstschluss in den „Hansestuben" und der Fürsorge gegenüber seiner Katze, um die er sich liebevoll kümmert (S. 107 f.). Ansonsten agiert er rücksichtslos: „Wir müssen diese Jugendlichen mit allergrößter Härte und Entschlossenheit bekämpfen." (S. 7) Das Maßlose in seinem Vorgehen korrespondiert mit seiner Körperlichkeit: „Er war groß und schwer. Wenn man es freundlich mit ihm meinte, nannte man ihn ‚stark beleibt'. Trotzdem war er mit einer überraschenden Behändigkeit ausgestattet." (S. 7) Agil ist er auch in seinem Denken, denn Ziegen ist sehr intelligent. Seine kriminalistische Brillanz zeigt sich in seiner psychologischen und methodischen Vorgehensweise:

Sehr intelligent

> „Jeder macht mal einen Fehler, wenn man ihn unter Druck setzt. Vor ein paar Wochen stand ich morgens am Küchenfenster und sah einen Zug vorbeifahren. Auf die Lok war ein Spruch gepinselt: Naziköpfe rollen nach dem Krieg. Auf dem Kohletender stand: Tod für Ziegen. Da war mir plötzlich klar, dass da jemand etwas sehr persönlich genommen hatte. Bei einem Abgleich meiner Tätigkeiten in den Tagen davor mit gewissen früheren Er-

> eignissen stieß ich auf einen Eisenbahnüberfall in der Nacht der Razzia gegen die Edelweißpiraten. Dabei gab es einen Toten. Einen Jungen mit dem Spitznamen Zack. Harald Ziegler. Der gehörte zu einer Gruppe, die sich am Takubunker trifft. Und von da zu Sebastian Frei war es eine Kleinigkeit." (S. 273 f.)

Spielt mit Bastian wie die Katze mit der Maus

Auch wenn Ziegen sich neben Klapproth als „der gute Polizist" darstellen möchte (vgl. S. 62), ist er im Grunde unerbittlich, wie Paul erlebt: „Er wusste einiges über Ziegen. Seine Härte, seine Grausamkeit, das kannte er aus den Erzählungen. Jetzt erlebte auch er, dass der Mann etwas Unerbittliches hatte. Er bekam Angst." (S. 285) Paul irrt nicht: Ziegens Unerbittlichkeit zeigt sich beispielsweise in seinem Vorgehen gegen Sebastian Frei, mit dem er spielt wie die Katze mit der Maus. Mit den Worten „Ich habe ein Auge auf euch" (S. 81) entlässt er Bastian und Hotte aus der Haft im EL-DE-Haus und wie ein Jäger wartet er auf einen Fehler Bastians. Dabei erhöht er peu à peu den Druck auf den Jungen, bis dieser tatsächlich einen Fehler macht und Ziegen ihn ganz gelassen festnimmt (S. 347).

Grausam und menschenverachtend

Auf perfide Weise kann Ziegen Billi in Arrest nehmen. Er erpresst Zacks Mutter, die ihren Sohn bestatten und nicht verscharren lassen will, gemäß der Vorgabe „Melaten gegen Namen". Schließlich verrät Zacks Mutter Billi, die daraufhin verhaftet wird. Mit welcher Menschenverachtung Ziegen operiert, wird im letzten Gespräch zwischen Paul und Ziegen deutlich, als Paul nach Billis Verbleib fragt: „Was weiß denn ich? Kann mich kaum an die Kleine erinnern. Widerspenstig und pampig war sie. Hübsch sagst du? Na ja. Hat ihr aber nichts genutzt. Die ist jetzt wahrscheinlich im KZ, vielleicht tot, was interessiert mich das?" (S. 362) Mit dieser menschenverachtenden Aussage bestärkt Ziegen unbewusst Paul in seiner Tötungsabsicht.

Wird von Paul Stern erschossen

Ziegens Nemesis[31] ist der ebenfalls intelligente Paul Stern. Durch ihn lässt er sich täuschen, und zwar in doppelter Hinsicht. Er durchschaut Pauls Spiel mit der falschen Identität als Peter König nicht und er verkennt die Gefahr, als Paul kurz vor der geplanten Hinrichtung Bastians ihn in seinem Auto mit einer Pistole bedroht. Als Ziegen schließlich begreift, ist es zu spät: Er wird von Paul erschossen (S. 363).

Wilhelm Schiefer und Josef Hoegen

Es kann angenommen werden, dass die Figur des Eugen Ziegen mit Wilhelm Schiefer und Josef Hoegen zwei reale Vorbilder hat. Wilhelm Schiefer war Polizei-Inspektor in Köln und wurde am 26.9.1944 erschossen. Josef Hoegen war ein wegen seiner Brutalität gefürchteter Polizeibeamter, der im Dienste der Gestapo politische Oppositionelle in Köln und Umgebung verfolgte. Nach seiner Verhaftung 1945 und kurzer Haft machte er sich in Köln als Kaufmann selbstständig, wo er bis zu seinem Tod 1973 unbehelligt lebte.

Billi

Verhilft Paul zu neuen Papieren

ist Freddies Freundin und beide gehören zu den Edelweißpiraten (S. 23). Billi arbeitet als Hilfskrankenschwester im Kölner St.-Franziskus-Hospital und wäre gerne Ärztin geworden. Dieser Wunsch lässt sich wegen des Krieges nicht realisieren, wofür sie die Nazis hasst (S. 124). Billi unterstützt die Ehrenfelder Gruppe sehr effektiv – „Die bekam in ihrem Krankenhaus so einiges mit“ (S. 184) – und nimmt nach dem „Peter-und-Paul-Angriff“ im Juni 1943 die Papiere des toten Peter König im Hospital an sich, um sie Paul Stern zukommen zu lassen:

> „Noch einmal streifte ihr Blick den toten Körper: die dunklen Haare, das schmale Gesicht, die schlanke Gestalt, sogar die

---

31 Strafende Gerechtigkeit

> Größe stimmte … Vielleicht könnte das Bild sogar bleiben, aber das sollten die Jungs entscheiden. Sie ließ die Papiere unauffällig in ihre Kitteltasche gleiten und zog Peter die Decke über Körper und Kopf.“ (S. 124)

Als die Edelweißpiraten die im Hauptbahnhof stattfindende spektakuläre Flugblattaktion planen, ist es die findige Billi, die zum Transport der Flugblätter einen Kinderwagen organisiert und beim Präparieren des Rucksacks hilft (S. 202).

Lehnt Gewalt ab

Ihr Widerstand gegen die Nazis speist sich aus einem Bedürfnis nach Unabhängigkeit und Selbstbestimmung. Nie würde sie Gewalt einsetzen, so äußert sie sich nach der Erschießung Zacks in der geführten Diskussion über den Einsatz von Gewalt reflektiert und besonnen: „‚Aber weil die Gestapo und die SS Unschuldige töten, können wir das doch nicht auch tun‘, meinte Billi. ‚Dann sind wir nicht besser als die.‘“ (S. 106)

Billi ist lebenslustig mit einer Tendenz zum Übermut. Dies zeigt sich in den seltenen Momenten der Unbeschwertheit, so bei einem der Treffen bei Paul, wo sie ausgelassen zu verbotener Swing-Musik tanzt: „Billi mochte Glenn Miller. Bei *Chattanooga Choo Choo* war sie nicht mehr zu bremsen. Sie tanzte, dass sogar Hennes die Ohren anlegte.“ (S. 184) Mit der Ausgelassenheit ist es vorbei, als Billi ihre Verhaftung befürchten muss. Dabei macht sie sich keine Illusionen über ihr eigenes Verhalten:

> „Willst du jetzt von mir hören, dass ich keinen verpfeife, wenn sie mich in die Mangel nehmen? Mensch Bastian, du kommst doch gerade aus ihren Kellern. Was ist denen denn schon ein Leben wert?“ (S. 104)

Wird verhaftet und vermutlich getötet

Diese Worte sind prophetisch. Billi wird tatsächlich verhaftet und ins EL-DE-Haus gebracht. Entgegen ihrer Selbsteinschätzung ist sie beeindruckend tapfer und verrät ihre Freunde nicht. Von Oberkommissar Ziegen wird ihr Verhalten so beschrieben: „Widerspenstig und pampig war sie." (S. 362) Billi kehrt nicht aus der Haft zurück. Was mit ihr geschehen ist, bleibt offen.

Fatz

Gut vernetzt

ist ebenfalls Mitglied der Edelweißpiraten um Bastian. Er ist sehr gut vernetzt und weiß bestens Bescheid über erfolgte Verhaftungen von Widerständischen. Außerdem ist er das propagandistische Talent der Gruppe (vgl. S. 109). Fatz' Widerstand entspricht zunächst der Tradition der bündischen Jugend, die er im Rückblick Paul gegenüber als „naiv" (S. 103) bezeichnet. Gelegentlich prügelt er sich mit Angehörigen der HJ, doch rücksichtsloser Gewalt hängt er nicht an.

Radikalisiert sich

Erst nach der Erschießung Zacks radikalisiert er sich und postuliert die Bewaffnung der Edelweißpiraten. Als Franzi in einer Diskussion anführt, dass man gewaltlos vorgehen wollte, äußert sich Fatz unmissverständlich: „‚Wir waren uns überhaupt nicht einig', ereiferte sich Fatz. ‚Und denk doch an Zack. Seit er tot ist, ist sowieso alles anders!'" (S. 105) „Es geht ja nicht darum, wahllos Leute zu erschießen. Es geht um den Notfall. Die haben Waffen. Wir haben Waffen. Das ist doch nur gerecht." (S. 106)

Unterstützt Paul bei der Rettung Bastians

Fatz gehört zu den Augenzeugen der Hinrichtung der 16 Zwangsarbeiter am Ehrenfelder Bahnhof und vermutet, „dass sie es auch so mit den Edelweißpiraten machen würden" (S. 357). Er irrt sich nicht. Am Tag der geplanten Hinrichtung ist er am Ehrenfelder Bahnhof. Dort informiert er Paul über die bevorstehenden Hinrichtungen und unterstützt ihn bei dessen Versuch, die Liquidierungen zu verhindern (S. 358). Fatz gehört zu den Mitgliedern der Edelweißpiraten, die Verfolgung und Krieg überleben (S. 395).

Freddie

ist Billis Freund. Nach ihrer Verhaftung schlägt er zusammen mit Ralle Föls, einen der Folterer im EL-DE-Haus, zusammen:

Rächt Billis Verhaftung

> „Zwei Tage später fand eine HJ-Streife Kerkermeister Föls halb tot in den Trümmern eines ehemaligen Tanzcafés. Jemand hatte ihm den rechten Arm, die Nase und mehrere Rippen gebrochen. Sein Gesicht war blutüberströmt, die Zähne waren eingeschlagen. Er konnte von Glück reden, dass die HJ-Streife ihn vor den Ratten entdeckt hatte." (S. 230)

Er verhält sich in den Diskussionen um den Einsatz von Gewalt eher indifferent. Überraschend wird Freddie eingezogen: „Der stand jetzt irgendwo am Westwall und schaufelte Panzergräben." (S. 295) Ob er seinen Kriegseinsatz überlebt hat, bleibt offen.

Hotte

– mit bürgerlichem Namen Horst Hummel – ist „Franzis großer Bruder" (S. 27) und gehört ebenfalls zu den Ehrenfelder Edelweißpiraten. „Hotte lebte von allen am gefährlichsten. Der Rangierer bei der Deutschen Reichsbahn musste jede Nacht um zwei Uhr raus zu den Schienen und Zügen. Die Gleise waren ein bevorzugtes Ziel der Bomber." (S. 27)

Franzis Bruder und Bastians Freund

Hotte hat Sinn für Ironie und amüsiert sich über den eifersüchtigen Bastian: „Du bist wirklich ein harter Hund, Bastian." (S. 27) Anders als Bastian ist Hotte Paul gegenüber sofort aufgeschlossen. Zwar begrüßt er ihn bei der ersten Begegnung mit „Heil Hitler" (S. 23), doch das ist nur ein Test. Als Bastian Paul nach der Erschießung Zacks der Spitzelei verdächtigt, ist es Hotte, der Bastian zur Besinnung bringt:

Menschenkenntnis

> „Und wenn sich herausstellt, dass Paul nur das Geringste mit der Gestapo zu tun hat, dann mach ich ihn fertig. Aber ganz ehrlich, Bastian: Ich glaube nicht, dass Paul einer von denen ist. Sieh ihn dir an und höre ihm zu. Und lass mal Franzi dabei weg. Du kannst ihm glauben. Du musst ihn ja nicht mögen." (S. 97)

Entschieden ist Hotte auch in seiner widerständischen Haltung, die er ebenfalls von Bastian fordert (S. 98). Dabei zeigen sich die freundschaftlichen Gefühle, die Hotte Bastian entgegenbringt: „Du und Paul, ihr solltet euch umeinander kümmern. Ihr müsst ja nicht gleich heiraten. Du musst nur über deinen Schatten springen." (S. 98)

Initiiert die spektakuläre Flugblattaktion

Hotte wird ebenso wie Bastian Zeuge von Zacks Erschießung. Bei der anschließenden Verfolgung wird er festgenommen und ins EL-DE-Haus gebracht (S. 65 f.). Die Erschießung Zacks und seine Erlebnisse im EL-DE-Haus verändern Hotte, doch anders als zum Beispiel Ralle radikalisiert er sich nicht. Seine Reaktion auf die Ereignisse ist die spektakuläre Flugblattaktion im Hauptbahnhof, bei der er über 800 Flugblätter von einem Baugerüst in die Halle des Bahnhofs segeln lässt (S. 203 f.). Im Januar 1944 wird Hotte einberufen und absolviert in einer bei Osnabrück gelegenen Kaserne eine Ausbildung zum Funker. Ob er den Krieg überlebt, bleibt offen.

Ralle

Hasst die Nazis

ist ein Edelweißpirat, der keine Konfrontation scheut. Sein Mut speist sich aus einem tiefen Zorn:

> „Bei Kloppereien mit der HJ war er immer dabei. Da er absolut furchtlos war, hatte man ihn gerne bei sich, wenn es brenzlig wurde. Hinterher tat er immer so, als sei nichts geschehen. Aber am liebsten wollte er die ganze Bande in die Luft jagen. Diese Wut auf die Nazis erzeugte eine Art Kraftfeld um Ralle herum,

ein Schutzschild. An dem man sich allerdings auch verletzen konnte." (S. 219)

Bei den Prügeleien ist Ralle nicht zimperlich:

„Und während Bastian und Hotte einen kurzen Moment nachdachten, wen sie sich als Ersten vorknöpfen sollten, hatte Ralle zu spielen aufgehört, mit einer raschen Bewegung die Gitarre am Hals gegriffen und dem Großen den Korpus auf den Kopf gedroschen. [...] Der große Junge gab einen klagenden Laut von sich, der langsam erstarb, als Ralle ihm in den Unterleib trat. Er klappte wie ein nasser Sack zusammen." (S. 112)

Wechselt zu Otto Steinkamp

Wie Fatz radikalisiert sich Ralle nach Zacks Tod und legitimiert den Einsatz von Gewalt, wobei er sich auf Notwehr beruft: „Es geht ja nicht darum, Unschuldige zu töten, sondern Unschuldige zu schützen. Das ist Pflicht. Das ist Notwehr." (S. 106) Da er die pazifistische Haltung seiner Freunde nicht mehr teilt, wechselt Ralle in die Gruppe um Otto Steinkamp (Otto: „Auf Ralle kann ich mich verlassen"; S. 326) und bewaffnet sich (S. 189). Dass er seine Freunde damit düpiert, kümmert ihn nicht. Gleichwohl fungiert Ralle in der Folge als Kontaktmann zwischen Steinkamp und den Edelweißpiraten.

Wendet Gewalt an

Ralle ist derjenige, der auf Melaten Zacks Grab findet. Der Fund und das zeitgleiche Verschwinden Billis schockieren und bestärken ihn in seiner Abkehr von der Gewaltlosigkeit. Er macht sich über Franzi lustig, die das gewaltlose Vorgehen der Edelweißpiraten verteidigt: „Ralle lachte rau. ‚Du hörst dich so richtig erwachsen an. Mit Flugblättern? Und Sprüchen an Hauswänden? Ich fang gleich an zu lachen.'" (S. 228) Zusammen mit Freddie schlägt Ralle den Folterer Föls zusammen.

Ralle wird hingerichtet

Ralles unbedachter Umgang mit der Waffe wird ihm und Bastian zum Verhängnis: Übermütig schießt er nach dem gelungenen Diebstahl der Lebensmittelmarken in die Luft, woraufhin der irritierte Bastian die Kontrolle über das Auto verliert. Bei der anschließenden Verfolgung schießt Ralle auf einen Uniformierten (S. 346). Schließlich wird Ralle zusammen mit der Steinkamp-Gruppe festgenommen und soll gehängt werden. In dem durch Ziegens Erschießung entstandenen Durcheinander versucht Ralle seiner Hinrichtung zu entkommen. Es gelingt ihm nicht, zusammen mit anderen Widerständlern wird er umgebracht (S. 385).

Zack

Zack ist etwas merkwürdig

Auch Zack, bürgerlich Harald Ziegler, gehört zu den Ehrenfelder Edelweißpiraten. Er geht Paul beim ersten Treffen sehr ungewöhnlich um Zigaretten an: „Er sog die Luft durch die Nase und gab schnüffelnde Laute von sich. ‚Asozial? Das wollen wir doch gleich mal testen. Du riechst nach verdammt gutem Tabak.‘" (S. 25) Überhaupt scheint Zack ein wenig merkwürdig zu sein. „Paul schob Zack auf Armlänge von sich weg. Er sah Bastian an: ‚Komm, mach schon. Halt mir den Kleinen vom Leib.‘" (S. 25) Der freundliche Bastian äußert sich so über Zack: „Der tickt ja auch nicht richtig." (S. 29)

Der Krieg bestimmt Zacks Leben

Zack war Mitglied einer HJ-Musikgruppe und imponierte den Offiziellen mit seinen gesanglichen Fähigkeiten, obwohl es ihm mit den nationalsozialistischen Idealen nicht ernst war. Irgendwann wurde er wegen Disziplinlosigkeit entlassen. Nun ist er noch Mitglied der HJ-Feuerwehr vom Takubunker: „Wir können unsere Leute schließlich nicht in den Kellern verrecken lassen." (S. 27) Zack findet für seine persönliche Lage im Krieg Paul gegenüber anschauliche Worte:

> „Wir bestimmen unser Leben nicht mehr. Ich habe das Gefühl, mich mit allem beeilen zu müssen. Ich habe einfach zu wenig Zeit. Aber ich möchte noch ein paar verrückte Sachen machen, bevor die Nazis mich holen." (S. 31)

Tatsächlich „holen" ihn die Nazis. Als er mit Bastian und Hotte Lebensmittel aus einem abgestellten Güterzug stehlen will, verhält er sich unfassbar unvorsichtig:

> „Zack rang sich heftig strampelnd aus Hottes Griff, bückte sich nach einem Schotterstein und schleuderte ihn direkt auf den Waggon vor ihnen. Es schepperte, und im gleichen Moment brach die Hölle los! Die Türen mehrerer Güterwagen wurden von innen aufgeschoben, und schwere Stiefel sprangen auf die Gleise. Trillerpfeifen und Handlampen." (S. 54)

Zack wird erschossen: Die Gruppe radikalisiert sich

Bei der anschließenden Verfolgung des Trios wird Zack erschossen. Sein Tod bewirkt eine Radikalisierung der Gruppe. Ralle und Fatz legitimieren Gewalt, Ralle bewaffnet sich sogar. Dramatische Folgen hat Zacks Tod für Billi: Sie wird von Zacks Mutter, die ihren Sohn auf Melaten begraben lassen will und nicht auf dem anonymen Gräberfeld der Nazis, verraten. Billi wird ins EL-DE-Haus gebracht, wo sich ihre Spur verliert.

Nebenfiguren

Lagusch

Vorarbeiter in der Gärtnerei

ist mittelgroß „mit kurzen Beinen, jenseits der sechzig, mit wachen Augen in einem wettergegerbten Gesicht" (S. 159). Gewohnheitsmäßig kraust Lagusch die Nase und gibt schnüffelnde Geräusche von sich. Opa Tesch äußert sich wenig positiv über ihn: „Lagusch [ist] ein mieser kleiner Schnüffler. Ein Nazi erster Güte. Ein Maulheld, der angeblich schon alles mitgemacht hatte: vom Freikorps bis zu den SA-Schlägern, ein Vorstadtganove und Schieber." (S. 160)

Paul ist also gewarnt und legt sich dennoch gleich mit Lagusch an, als er ein vernachlässigtes Pferd in seiner neuen Unterkunft vorfindet und sich darüber empört. Lagusch entgegnet: „Der kommt sowieso weg, dieser Zigeuner. Hennes taugt nichts mehr" (S. 161).

Politisch naiv; Gegenfigur zu Werner

Über das auch in der Gärtnerei lebende behinderte Kind Lisa äußert sich Lagusch ebenfalls abfällig: „Ist sie denn ein richtiger Mensch? In einem Heim wäre sie besser aufgehoben." (S. 212) Diese menschlich defizitäre Einstellung ist die Folge von politischer Naivität. Als Lagusch von Werner informiert wird, dass die nationalsozialistischen Heime nichts anderes sind als Tötungsanstalten, ist er fassungslos (S. 215). In der Folge ändert er sein Verhalten dem Kind gegenüber. Auch das Pferd beginnt er besser zu behandeln. Nach Pauls Verschwinden kümmert sich Lagusch um das Tier: „Dann nahm er Lisa an die Hand und sagte: ‚Komm, wir gehen Hennes füttern. Einer muss sich ja um das Tier kümmern.'" (S. 385)

Hitler-Anhänger mit sozialem Verhalten

Franzi urteilt von Beginn an differenzierter über den Vorarbeiter: „Lagusch ist nicht so übel, wie er tut." (S. 178) Tatsächlich agiert Lagusch unseriös und gleichzeitig sehr sozial. Er verkauft die in der Gärtnerei gebundenen Trauerkränze gleich mehrfach. Davon profitieren die gesamte Gärtnerei und alle, die dort wohnen (S. 179). Auch mit der Beschaffung eines illegal geschlachteten Schweins (S. 217 ff.) geht er ein hohes persönliches Risiko ein, versorgt damit aber alle in der Wohngemeinschaft mit dem nötigen Essen.

Aber bis zuletzt, auch als sich Informationen über Nazigräuel ausbreiteten, bleibt Lagusch ein überzeugter Anhänger von Adolf Hitler:

> „Nur wenn es um den Führer ging, kannte er kein Erbarmen. *Treue um Treue*, das stand für ihn fest. Und wenn es irgendeine

> Schweinerei der Nazis gab, murmelte er entschuldigend: ‚Der Führer kann nicht alles wissen.'" (S. 332)

Lagusch ist dennoch die einzige Nazi-Figur im Roman, die eine annähernd positive Entwicklung durchläuft – ohne komplett die Seiten zu wechseln.

Jupp Jablonski

ist Schlosser bei *Ford*. Erzählerisch in den Text eingeführt wird er durch Mahlmann:

Bastians Kollege bei *Ford*

> „Jupp ist ein bisschen älter als du. Von dem kannst du eine Menge lernen. Ein begnadeter Dreher. Und seine Schweißnähte: Kunstwerke, sage ich dir, wahre Kunstwerke. Nur mit dem Rechnen ist das bei ihm so eine Sache." (S. 90)

Betreibt Sabotage

Zusammen mit Bastian arbeitet er am kriegswichtigen Projekt „*Maultier*", einem geländegängigen LKW. Als das Projekt eingestellt wird, muss Jablonski, der auch gegen den SS-Oberscharführer Frericks kein Blatt vor den Mund nimmt (S. 209), in den Osteinsatz. Dort ist er mit logistischen Aufgaben betraut, die er für kleinere Sabotageaktionen nutzt (vgl. S. 251), und trifft wieder auf den ebenfalls strafversetzen Bastian, den er sofort ins Vertrauen zieht: „Wir müssen uns unterhalten. Ich habe Pläne. Nur kann ich alleine nichts ausrichten." (S. 249)

Jablonski wird von der Gestapo ermordet

Tatsächlich plant Jupp Jablonski Sabotage in großem Stil (S. 304). Er ist sich bewusst, dass er die Nazis nicht aufhalten kann. „Wir sind auch nur Rädchen in ihrem Getriebe. Aber ich will das Rädchen sein, das nicht rundläuft. Ich will nicht, dass sie diesen Krieg gewinnen." (S. 256) Jablonski bezahlt diese Widerstandshaltung mit seinem Leben. Zwar kann er mit Bastians Hilfe die Motoren der

LKWs manipulieren, doch die Aktion wird entdeckt und Jablonski von der Gestapo verhaftet und ermordet.

Otto Steinkamp

„Bomben-Otto"

ist ein im Kölner Untergrund lebender ehemaliger KZ-Häftling. Sein Ruf ist spektakulär: „Hotte sah [Bastian] scharf an. ‚Du denkst doch nicht etwa an Otto? [...] Aber weißt du überhaupt, mit wem du dich da einlässt? Das ist ja, als würde man einen Pakt mit dem Teufel schließen ...'" (S. 127) Spektakulär ist auch sein Aussehen: „Groß, unglaublich mager, mit einem Raubvogelgesicht." (S. 128) Im Gegensatz dazu ist seine Stimme „leise, sanft, fast melodisch" (S. 128). „Otto lebte in einem Schattenreich. Einer, der keine Spuren hinterließ. Und sah man mal davon ab, dass er aus dem KZ getürmt war, hatte die Polizei nichts gegen ihn in der Hand." (S. 127)

Otto lebt gut vernetzt an wechselnden Plätzen in der zertrümmerten Stadt. Er kennt einen Passfälscher und will den Edelweißpiraten mit dem Ausweis von Peter König behilflich sein. In der persönlichen Begegnung mit Bastian kommt Otto direkt zur Sache und macht ihm unmissverständlich klar, dass er mit seinem Leben spielt, sollte er versuchen, ihn zu hintergehen (S. 128). Als Gegenleistung für den gefälschten Ausweis verlangt er die Verteilung von über 800 Flugblättern, was hochgefährlich ist. Otto ist sehr ehrgeizig: Er will möglichst viele Menschen über die Nazis aufklären und bedrohten Menschen helfen. Misslungene Sabotageaktionen ärgern ihn:

> „Nach einem Bombenangriff hatten sie in Bickendorf einen Lebensmittelladen ausgeräumt. Kartonweise waren ihnen Lebensmittelmarken in die Hände gefallen. Sie verloren sie aber wieder, als eine Streife auf sie schoss. Mit knapper Not waren sie entwischt und hatten bei Otto einen neuen Wutanfall ausgelöst." (S. 335 f.)

Schließlich gelingt Ziegen die Festnahme Steinkamps. Nach der Haft in Brauweiler wird Steinkamp zusammen mit seinen Anhängern ohne Gerichtsverfahren in Ehrenfeld erhängt.

Historisches Vorbild Hans Steinbrück

Das historische Vorbild für die Romanfigur Otto Steinkamp ist Hans Steinbrück, „Bomben-Hans" genannt. Steinbrück war aus dem Messelager in Köln-Deutz entkommen, in dem er Blindgänger entschärfen musste. Seitdem lebte er im Untergrund, wo er entkommene Zwangsarbeiter, Deserteure, von Deportation bedrohte Juden und seit Sommer 1944 einige Ehrenfelder Edelweißpiraten um sich scharte. Von sich reden machte Steinbrück u. a. durch den legendären „Butterraub" vom 1. September 1944, wobei er 26 Zentner Butter erbeutete, die er zum Teil auf dem Schwarzmarkt verkaufen ließ. Er und seine Gruppe wurden für 15 politische Morde verantwortlich gemacht. Bei einer Razzia wurde Steinbrück schließlich verhaftet und am 10. November 1944 ohne Gerichtsverfahren in Ehrenfeld erhängt (vgl. Bild S. 108).[32]

Weitere Nebenfiguren

Oberstaatsanwalt Dr. Blömer, Kerkermeister Föls (Folterer im EL-DE-Haus), Johanna Frei (Bastians Mutter), Elli Frei (Bastians Schwester), Großmutter Frei (Bastians Oma), SS-Oberscharführer Frericks in den *Ford*-Werken, Doris Jürgens (Sekretärin im EL-DE-Haus), Ernst Klapproth (Kriminalassistent; Kollege von Ziegen), SS-Hauptsturmführer Klawes (Leiter der Gestapo-Hauptstelle), Lisa und ihre Mutter (Bewohner der Gärtnerei), Mahlmann (Obmann bei *Ford*), Karl Ludwig Meisner („Karlu": Hitlerjunge und Enkel von Opa Tesch), Frau Osmann (Haushälterin der Familie König; deckt Paul Sterns neue Identität), Frau Rose (Besitzerin der Gärtnerei; Tante von Franzi und Hotte), SS-Standartenführer Schründer, Opa Tesch,

32 http://www.jugend1918-1945.de/thema.aspx?s=4969&m=4959&open=4969

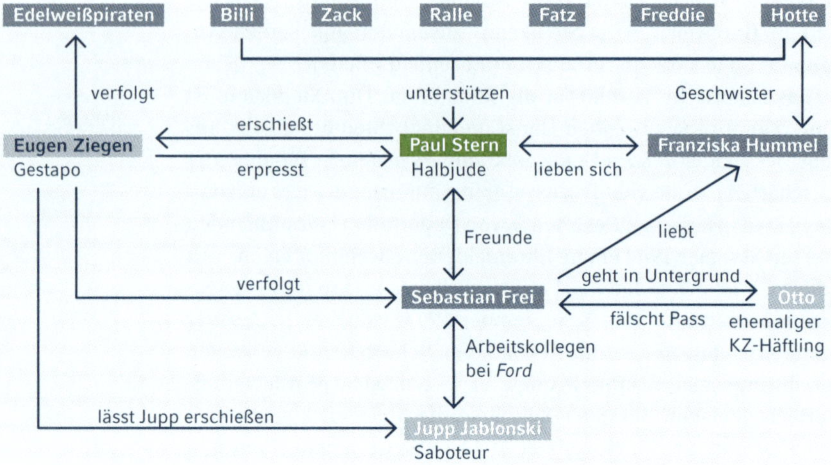

Tante Anni (Bastians Tante in Pfronten), Werner (ehemaliger, versehrter Soldat; wohnt in der Gärtnerei; Gegenspieler zu Lagusch), Bauernehepaar in Süddeutschland (helfen Bastian auf der Flucht), Alfons (Bastians Fluchtgenosse), diverse Lagerleiter, Wachposten und Gestapobeamte sowie Truppführer u. a.

3.5 Sachliche und sprachliche Erläuterungen

S. 6	**Tomas Tranströmer**	Schwedischer Lyriker, Literatur-Nobelpreisträger (1931–2015)
S. 8	**Reichssicherheitshauptamt**	(RSHA) Zentrale Behörde sämtlicher Polizei- und Sicherheitsorgane in Nazi-Deutschland
S. 15	**Luger P08**	Pistole, Kaliber 9 mm
S. 17	**Eikamp**	Ort im Rheinisch-Bergischen Kreis
S. 17	**Arier**	In der nationalsozialistischen Ideologie Angehöriger einer angeblich geistig, politisch und kulturell überlegenen nordischen Menschenrasse
S. 17	**Pylon**	Statisches Element einer Brücke
S. 21	**Neumarkt**	Platz in der Kölner Innenstadt
S. 25	**Jeder Jeck ist anders**	Eigentlich: „Jede Jeck is anders"; Kölner Toleranzgebot
S. 26	**Rottenführer**	Dienstgrad der SS
S. 26	***Die Fahne hoch***	Erste Zeile des Horst-Wessel-Lieds, NSDAP-Parteihymne
S. 29	**EL-DE-Haus**	Nach seinem Erbauer **L**eopold **D**ahmen genanntes Haus in der Kölner Altstadt. Zentrale Dienststelle der Gestapo
S. 37	**Klöckner-Humboldt-Deutz**	KHD: Fahrzeug- und Motorenbauunternehmen aus Köln-Deutz (gegr. 1864; heute: Deutz AG)
S. 47	**Karl May**	Autor (1842–1912) von Abenteuerromanen (z. B. *Winnetou*)
S. 47	**Muckefuck**	Kaffee-Ersatz
S. 89	**Wehrertüchtigungslager**	HJ-Ausbildungsstätte
S. 89	**Jugendschutzlager**	Konzentrationslager für Jugendliche
S. 100	**Königswinter**	Stadt im Siebengebirge

S. 108	**Kohletender**	Kleiner, mit Kohle gefüllter Waggon direkt hinter der Lokomotive
S. 133	**Bollerwagen**	Handwagen zum Transport kleiner Lasten
S. 139	**Kölnisch Wasser**	Eau de Cologne, Kölner Duftwasser
S. 142	**Wochenschau**	Wöchentlicher Vorfilm politisch-propagandistischen Inhalts
S. 151	**St. Gereon**	Romanische Basilika (9. Jahrhundert)
S. 163	**Volksempfänger**	Radiogerät, das nur in bestimmten Frequenzbereichen sendete; auch „Goebbels-Schnauze" genannt
S. 176	**Wehrkraftzersetzung**	Mit dem Tode sanktionierte Straftat, z. B. Aufruf zur Wehrdienstverweigerung
S. 177	**Thuja**	Zypressenart
S. 177	**Mahonie**	Strauchgewächs
S. 184	**BBC**	*British Broadcasting Corporation*, britische Rundfunkanstalt
S. 191	**Kolpinghaus**	Nach Adolph Kolping benannte Sozialeinrichtung für Handwerker
S. 223	**Karabiner**	Gewehr
S. 260	**Glenn Miller**	Amerikanischer Komponist und Bandleader (1904–1944)
S. 263	**Gestapofeld**	Feld auf dem Kölner Westfriedhof, auf dem die Gestapo die von ihr Getöteten verscharren ließ
S. 269	**Bensberg**	Schloss Bensberg (Rheinisch-Bergischer Kreis): Eliteschule für den Führungsnachwuchs der Nazis (sog. Napola)
S. 304	**Siliziumcarbit**	SiC: Verbindung aus Silizium und Kohlenstoff. Es ist ähnlich hart wie Diamant. Verwendung als Schleifmittel.
S. 307	**Rungenwagen**	Güterwagen mit Rundhölzern an der Seite

S. 332	**Adenauer**	Konrad Adenauer (1876–1967), Kölner Oberbürgermeister von 1917–1933, 1. Bundeskanzler der BRD von 1949–1963
S. 333	**Westwall**	Grenzbefestigungsanlage an der Westgrenze des Deutschen Reiches: von Kleve bis Weil am Rhein
S. 336	**zum Blauen See**	Bei Königswinter gelegener See
S. 384	**Felsensee**	Heute: Dornheckensee, bei Bonn gelegener See
S. 402	**Schmand**	Saure Sahne

3.6 Stil und Sprache

ZUSAMMEN-
FASSUNG

Die Erzählersprache Elisabeth Zöllers ist nüchtern und klar und mit Alltagssprache durchsetzt. Zöller setzt dabei ein:
- → eine individuell geprägte Figurensprache,
- → wechselndes Erzählverhalten,
- → multiperspektivisches Erzählen,
- → zahlreiche Motive und deren Wiederholungen, Intertextualität.

Alltagssprache

Die Erzählersprache von Elisabeth Zöller im Tatsachen-Thriller *Wir tanzen nicht nach Führers Pfeife* ist nüchtern und klar und der ernsten Thematik und **den historischen Fakten damit angepasst**. Um aber diese Geschichte für jugendliche Leser interessant zu gestalten, durchsetzt Zöller ihren Roman immer wieder mit Alltagssprache. So wird der für die Gestapo typische schwarze Opel als „typische Gestapo-Kutsche" bezeichnet (S. 57). Durch dieses erzählerische Vorgehen bleibt sowohl die erzählerische Distanz zu den Romanfiguren als auch die Distanz zum jugendlichen Leser gering. Dies wiederum führt zu einer **aufgeschlossenen Lesehaltung** des jungen Rezipienten.

Figurensprache

Die von Zöller eingesetzte Figurensprache hat etwas Naturalistisches. Der Naturalismus zielt auf eine minutiöse **Wiedergabe der Alltagsrealität** ohne Stilisierung, auch nicht in der Sprache der Figuren. Sie ist ein direktes **Abbild der realen Dialekte** oder sprachlicher Mängel, wodurch die Figuren charakterisiert und ihre gesellschaftliche Stellung verdeutlicht werden.[33]

Arbeitersprache

Die Sprache der Edelweißpiraten ist einfach und jugendlich. Hotte fordert Zack mit folgenden Worten zum Schweigen auf: „Halt die Klappe!“ (S. 54) Die **Einfachheit ist Programm**. So wird Bastian, der Hotte gegenüber das Wort „Provokateur“ (S. 29) benutzt, von diesem umgehend zurechtgewiesen: „Provokateur? Meine Fresse, Bastian. Aus welchem Ärmel zauberst du denn so komplizierte Wörter? Nur weil du eifersüchtig bist?“ (S. 29) Diese Sprachwahl verweist auf die Herkunft der Edelweißpiraten **aus einfachen Arbeiter-Verhältnissen**. Den Kölner Stadtteil Ehrenfeld prägten zur damaligen Zeit Industriearbeiter und die Edelweißpiraten repräsentieren mit ihrer Sprache diese soziale Schicht (Soziolekt).[34]

Respektlosigkeit Ziegens

Die **Sprache Ziegens** ist kalt (vgl. S. 271 f.) und von Verachtung geprägt. Die Edelweißpiraten sind für ihn keine gleichwertigen Gegenüber, sondern stehen hierarchisch als Heranwachsende und Kriminelle auf einer niederen Stufe, was sich in seiner Sprachwahl bemerkbar macht. Bastian bezeichnet er als „Bengel“ (S. 74) und „selbstgerechten Lümmel” (S. 361), der um sein „beschissenes Rotzlöffelleben“ winselte. Gegenüber Paul, den er für einen ebenbürtigen Nazi-Spross hält, verhält er sich sprachlich ganz anders: Er stellt sich ihm vor (S. 282) und seine Stimme ist „warm, nachsichtig und verständnisvoll” (S. 363).

Erzählform und Erzählverhalten

Erzählform

Um einen Roman auch erzähltechnisch verstehen zu können, braucht es Wissen über die Erzählform (Er-Erzähler und Ich-Erzähler) und das Erzählverhalten.

---

33 Allerdings legt die Autorin ihren Figuren keinen Kölschen Dialekt in den Mund.

34 Kritiker merken allerdings an, dass die verwendete Sprache der Jugendlichen wohl nicht die der damaligen Zeit ist (vgl. Kapitel 4).

Erzählverhalten

Beim **Erzählverhalten** unterscheidet man folgende Dreier-Typologie:

- → **Auktoriales Erzählverhalten**: Der Erzähler gibt sich als eigenständige Instanz zu erkennen. Er kommentiert, reflektiert und urteilt. Auf der Grundlage eines externen *point of view* offenbart er ein umfassendes Wissen über das Erzählte. Dies schließt die Innensicht, Wissen um Vorgeschichte und zukünftige Entwicklungen ein. Eine für das auktoriale Erzählen typische Erzählhaltung ist die Leseransprache.
- → **Neutrales Erzählverhalten**: Der Erzähler gibt sich nicht als eigenständige Instanz zu erkennen, sein Verhältnis zum Erzählten ist neutral. Dieses Erzählverhalten neigt zum externen *point of view*.
- → **Personales Erzählverhalten:** Der Erzähler nähert sich erkennbar dem Standpunkt der erzählten Figur an. Dies gilt besonders dann, wenn er mit Innensicht erzählt.

Innensicht und Außensicht

Die **Erzählperspektive** lässt erkennen, ob der Erzähler Fremdpsychisches kennt oder nicht. Verfügt er über fremdpsychisches Wissen, so stellt er die Figuren mit Innensicht dar. Kennt er nichts Fremdpsychisches, so verfügt er über Außensicht. Innensicht wird durch Signalworte angezeigt, die auf psychische Prozesse schließen lassen.

Distanz oder Nähe

Der **Erzählerstandort** (*point of view*) bezeichnet den Standort des Erzählers im Verhältnis zu den Figuren und Ereignissen im räumlichen und zeitlichen Sinn. Man unterscheidet zwischen externem *point of view* (Distanz zum Erzählten) und internem *point of view* (Nähe zum Erzählten).

Zöller: Wechselndes Erzählverhalten

Die obigen Aussagen auf *Wir tanzen nicht nach Führers Pfeife* angewendet, finden wir folgendes Erzählverhalten: Erzählt wird in der **Er-Form mit wechselndem Erzählverhalten** (auktorial/neutral/personal). Das **auktoriale Erzählverhalten** zeigt sich in dem Wissen um das Leben der Figuren, so weiß der Erzähler von Pauls Traum, Grönland besuchen zu wollen. Außerdem erscheint im Romantext die typische Leseransprache: „In der einen Minute denkst du an nichts Böses, und in der anderen zerrt so ein kleiner grauer Kläffer an dir." (S. 252) Das **neutrale Erzählverhalten** findet sich verwirklicht im Erzählerbericht und in den Dialogen der Figuren, die ohne Erzähler- oder Figurensichtweise wiedergegeben werden. Hier beispielsweise eine Wechselrede zwischen Otto und Bastian:

> „‚Die Zeiten ändern sich.'
> ‚Wirklich?'
> ‚Ja, ständig.'" (S. 324)

Ein weiteres Beispiel ist die Wechselrede zwischen Bastian und Otto, die sich beinahe über die gesamte Seite 325 erstreckt. Es ist die Situation, in der Bastian mit Otto um die Aufnahme in dessen Gruppe kämpft. **Personales Erzählen** und somit Innensicht finden sich in *Wir tanzen nicht nach Führers* Pfeife ebenfalls. Es sind jene Textsequenzen, in denen die Gefühle der Romanfiguren erzählt werden, wie z. B. die Angst Bastians bei gefährlichen Aktionen oder in der Konfrontation mit Ziegen.

> „Ruhelos wälzte sich Bastian im Bett. Dabei war er todmüde. Für einen Augenblick hatte er das Gefühl gehabt, endlich das Richtige zu tun. Etwas, was den Krieg verkürzte. Gleichzeitig fühlte er, wie er die Kontrolle verlor, wie die Dinge sich von selbst weiterentwickelten und in Bewegung kamen. Wie er mitten hineingeriet und mitgerissen wurde." (S. 308)

Innerer Monolog

Ein weiteres erzählerisches Mittel in Verbindung mit personalem Erzählverhalten ist **der innere Monolog**. Dabei wird ausschließlich der *point of view* der Figur abgebildet, es kommt also nur das zum Ausdruck, was die Figur **denkt, fühlt oder wahrnimmt**. Es spricht nur das Ich der Figur. Elisabeth Zöller setzt den inneren Monolog kaum ein. Ein Beispiel für diese Erzähltechnik erscheint in jener Situation, in der Paul kurz vor der Gegenüberstellung mit Frau Osmann steht und er weiß, dass sein Leben von der Reaktion dieser Frau abhängt: „Jetzt kam es." (S. 286)

Themen und Motive

Verknüpfung durch Motiv-Wiederholungen

Motive sind die kleinsten Einheiten der Romanhandlung. Zöller arbeitet mit zentralen Motiven, die sich wiederholen. Erste Eindrücke, die der Leser bei der Rezeption gewinnt, können sich durch die Motivwiederholungen verdichten und so eine erzählte Welt formen. Gleichzeitig sorgen die Motivwiederholungen für die **Verbindung der einzelnen Kapitel** miteinander, so dass durch diese Art der narrativen Verknüpfung schließlich ein komplexes erzählerisches Ganzes entsteht. Beispiele und Effekt der wichtigsten Motive werden im Folgenden dargestellt und erläutert.

MOTIV	ERSTNENNUNG	WIEDERHOLUNG	EFFEKT
Wetterphänomene (Auswahl)	„Die Nachmittagssonne hing bleich über dem Rheintal. […] Dunst lag wie eine Glocke über den ausgebrannten Ruinen der Kölner Altstadt. […] Die Luft stand still, kein Windhauch regte sich." (S. 17)	„gegen die bleiche Sonne blinzelnd" (S. 19); „Seit Tagen regnete es. Der Herbst kam früh in diesem Jahr. Der Westwind frischte auf und blies die Regenwolken über den grauen Himmel. […] Das Warten auf die Papiere setzte Paul immer mehr zu. Der Regen machte ihn mürbe und die nächtliche Kälte schlapp." (S. 133); „‚Scheißwetter', fluchte Fatz. ‚Außerdem hab ich schlechte Nachrichten.'" (S. 225); „… lag	Die hier beschriebenen Wetterphänomene kommentieren bildhaft die Geschehnisse. In den beiden Zitaten (S. 17 u. 19) erscheint eine bleiche Sonne, literaturwissenschaftlich u. a. ein Symbol für das Leben. Wenn in den Zitaten von einer „bleichen Sonne" die Rede ist, so ist dies ein Hinweis auf das Ausgezehrtsein einer Region (hier: das Rheintal) im Krieg. Der Regen (Zitat S. 133 u. 225) ist ein Symbol für Leid. Der

MOTIV	ERSTNENNUNG	WIEDERHOLUNG	EFFEKT
		schon überall Schnee. Er machte die Straße glatt. Paul würde aufpassen müssen." (S. 262); „‚Das war es', sagte Ziegen ruhig. […] Tief im Westen ging die Sonne unter." (S. 347); „Die violetten Schatten der Dämmerung senkten sich lautlos über die Felder… Sie hatten Bastian. […] Das war der Anfang vom Ende. Er schaute noch einmal auf die sinkende Sonne und konnte es nicht fassen." (S. 347); „‚Nach Süden.' Bastian zeigte in die Richtung, wo ihm der Himmel heller schien." (S. 382); „Der Sonnenstrahl, der dabei in die Stube fiel, erschien Bastian heller als je zuvor." (S. 408)	Regen korrespondiert hier mit Pauls depressiver Stimmung und den schlechten Nachrichten. Das Zitat S. 262 ist programmatisch zu sehen: Paul befindet sich in steter Gefahr. Das erste Zitat S. 347 korrespondiert mit Bastians Verhaftung. Der Untergang der Sonne steht für ein Ende: Das Ende von Bastians Freiheit. Das zweite Zitat S. 347 steht für Pauls seelischen Zustand, nachdem er von Bastians Verhaftung durch Ziegen erfahren hat. Bastian erhofft sich im Süden Rettung (S. 382). Der helle Sonnenstrahl (S. 408) steht für Bastians Entkommen vor Verfolgung und Tod.
Pauls Pistole (Auswahl)	„Paul hatte nicht viel in seinen Rucksack gestopft. […] außerdem eine alte Militärpistole *Luger P08* mit einem Reservemagazin und ein paar Schachteln Munition." (S. 15)	„Paul hatte eine geladene Armeepistole im Rucksack." (S. 24); „Dieser Paul tat so harmlos und schleppte eine Pistole mit sich herum." (S. 39); „Die Pistole lag auf dem Tisch. Paul hatte sie auseinandergenommen, gereinigt und sorgfältig geölt. Sauber, glänzend und friedlich lag sie jetzt vor ihm." (S. 48); „Und die Schreibmaschine versteckte Paul, zusammen mit seiner Pistole, zwischen den Strohballen neben seiner Kammer." (S. 163); „Er zog die Jacke an und schob die *Luger*	Das Motiv der Pistole steht für Bedrohung und Wehrhaftigkeit. Außerdem steht der Einsatz des Motivs für den Wechsel von der Defensive in die Offensive mit einem sich daraus entwickelnden Spannungsbogen. Die Wehrhaftigkeit wird repräsentiert durch die Zitate S. 25, 24, 39 u. 48. Das Zitat S. 163 steht für die grundsätzliche Friedfertigkeit Pauls. Ein Bedeutungswechsel vom Defensiven zum Offensiven vollzieht sich mit dem Zitat S. 355. Zugleich entwickelt sich ein

MOTIV	ERSTNENNUNG	WIEDERHOLUNG	EFFEKT
		in den Hosenbund im Rücken." (S. 355); „Er würde dem Dicken die *Luger* an den Kopf halten" (S. 360); „Paul hatte die *Luger* längst in der rechten Hand." (S. 361); „Paul drückte die Pistole weiter in Ziegens Gesicht." (S. 362).	Spannungsbogen, der durch die Zitate S. 360, 361 u. 362 noch verstärkt wird und schließlich in der Erschießung Ziegens kulminiert.
Opel/ schwarzer Wagen	„Ein schwarzer Wagen stand unter der Straßenlaterne. Bastian erkannte einen alten *Opel*." (S. 57)	„Jetzt ist es so weit, dachte er, als der schwarze *Opel* gemächlich in die verschneite Widdersdorfer Straße tuckerte." (S. 278); „Öl könnte auch nicht schaden, dachte er, gerade als in seinem Rücken drei schwarze *Opel* vorbeischossen." (S. 312); „Dunkle *Opel* auf dem Weg zu *Ford*, Männer mit Hüten, vielleicht auch noch Föls und Klapproth?" (S. 312); „Zwei *Opel* jagten in Richtung Halle." (S. 312); „Aber nicht durch das Werkstor, in dem jetzt einer der Gestapo-*Opel* quer stand, mit offenen Türen und den Schlapphüten wie Wachhunde auf den Sitzen." (S. 313); „Am Aufgang zum Bahnhof parkten direkt unter ihm zwei schwarze Autos." (S. 356); „Da saß er. Eugen Ziegen am Steuer des *Opel*." (S. 359).	Die Farbe schwarz steht in der Literaturwissenschaft u. a. für das Böse und den Tod. Im Roman erscheinen die Fahrzeuge stets in Verbindung mit der Gestapo, sie symbolisieren also kommendes Unheil. In Zitat S. 359 erfährt mit der Nennung Ziegens das Böse einen Namen. Außerdem symbolisiert ein Auto Mobilität. Daraus erschließt sich, dass man dem Unheil nur schwer entkommen kann, was besonders aus dem Zitat S. 313 hervorgeht.

MOTIV	ERSTNENNUNG	WIEDERHOLUNG	EFFEKT
Herr Wutz (Auswahl)	„Paul hatte nicht viel in seinen Rucksack gestopft. […] Außerdem Herrn Wutz. Eine Handpuppe, die erzählen konnte." (S. 15)	„Im linken Ohr trug Herr Wutz einen Ring aus Mutters Schatzkästchen und um den Hals ein rotes Tuch. ‚Das macht ihn verwegen', sagte Mama und blickte zu Papa. Und dieser Blick verriet alles über seine Eltern." (S. 15); „Auf der einen Seite, dachte Paul, wurde er immer ärmer. […] Herr Wutz kam nicht mehr nach Hause." (S. 49); „‚Lass nur, Elli', sagte Paul, ‚Herr Wutz ist am besten bei dir aufgehoben. Ich komme schon klar.'" (S. 84); „ ‚Ich kenne Herrn Wutz seit meiner Geburt. Herr Wutz war immer da, wenn ich ihn gebraucht habe. […] Heute fährst du mit Herrn Wutz und deiner Familie aus diesem Krieg hinaus. […]'" (S. 294)	Die Handpuppe „Herr Wutz" steht für die Kindheit. Sie ist für Paul enorm wichtig, als Erinnerung an seine eigene Kinderzeit und als Erinnerung an seine Eltern (vgl. Zitat S. 15). Die Puppe hat für ihn Trost und Beständigkeit bedeutet (S. 294). Wie sehr er an ihm hängt, geht aus Zitat S. 49 hervor, als er der Puppe, die sich nun in Ellis Besitz befindet (Zitat S. 84), ein wenig nachtrauert. Dass die Puppe in Ellis Hände übergegangen ist und dort auch bleiben soll (Zitat S. 84), ist Pauls endgültiger Abschied von der Kindheit. Gleichzeitig verkörpern Herr Wutz und seine Geschichten (vgl. S. 16) Hoffnung in der trostlosen Welt des Kriegs.[35]

Intertextualität

Definition

Der Begriff Intertextualität wurde von der französischen Literaturtheoretikerin Julia Kristeva (geb. 1941) geprägt. Die Intertextualität sucht nach **Beziehungen von Vorgängertexten** (sogenannten Prätexten) und fragt nach möglichen Lesarten von Texten vor dem Hintergrund von anderen Texten. Das wohl bekannteste Beispiel für Intertextualität ist die *Aeneis* des Vergil, der sich in vielfacher Hinsicht auf Homers *Odyssee* bezieht. Julia Kristeva selbst hat den Begriff Intertextualität später aufgegeben und ihn durch den Be-

Intertextualität

35 Vgl. auch Kapitel 3.7, Hoffnung.

griff „Transposition" ersetzt, der sich aber im literaturwissenschaftlichen Gebrauch nie durchsetzen konnte.

Auch in *Wir tanzen nicht nach Führers Pfeife* erscheinen Prätexte, wie die **Märchen** (vgl. S. 40 ff., 186), die **Rede Thomas Manns** sowie die **Lieder der Edelweißpiraten**. Eines dieser Lieder hat folgenden programmatischen Text:

> „Ja, wo die Fahrtenmesser blitzen
> und die Hitlerjungen flitzen
> und die Edelweißpiraten hinterdrein.
> Was kann das Leben uns denn geben,
> wir wollen frei von Hitler sein." (S. 22)

Rede Thomas Manns

Das zweite hier genannte Beispiel für Intertextualität ist der Auszug einer **Rede des deutschen Schriftstellers Thomas Mann**, Literaturnobelpreisträger von 1929, die am 29. August 1943 von der BBC gesendet wurde:

> „Deutsche Hörer, Verderber des Volkes waren die Nazis von jeher … […] Jedermann weiß, auch kein Reichswehrgeneral und kein Nazibonze verhehlt es mehr, dass Hitler seinen Krieg verloren hat. Es steht fest und ist für immer erhärtet, dass Deutschland einen Krieg gegen die Welt nicht gewinnen kann. Der überrumpelnde Blitz, auf den es allein dabei rechnen könnte, wird immer misslingen, wie er zweimal misslungen ist…'" (S. 184 f.)[36]

36 https://www.youtube.com/watch?v=EqNhLUJ7oTk

Stilmittel

STILMITTEL	DEFINITION	TEXTBELEG
Anakoluth	Satzabbruch	„Mensch, Werner, irgendwann…" (S. 212)
Euphemismus	Beschönigende Umschreibung einer unangenehmen, anstößigen oder unheilbringenden Sache	„Er sitzt in einem Lager im Emsland. […] Das nennt man Schutzhaft." (S. 37) (Der Euphemismus ist hier „Schutzhaft".)
Imperativ	Befehlsform	„Los, los! Alle aufstehen! Vorwärts! Reihe bilden und stillgestanden. Hände auf den Rücken." (S. 65)
Ironie	Ersetzung des eigentlichen Ausdrucks durch dessen Gegenteil oder Negation	„Föls senkte die Stimme: ‚Du hast ausgesprochen gute Manieren. Warst du schon mal hier?' ‚Nein, Herr Föls. Habe von Ihnen gehört.' ‚Nur Gutes?' ‚Nur Gutes.'" (S. 66)
Litotes	Bejahung durch doppelte Verneinung oder untertriebene Ausdrucksweise	„Aber die Sache ist nicht ungefährlich." (S. 217)
Parenthese	Einschub	„Junge, Junge, während ich mit allem, was ich tue, auf die Schnauze falle – EL-DE-Haus, Wehrertüchtigungslager, Osteinsatz, die ganze Palette –, fällst du immer wieder auf die Füße." (S. 297)
Metapher	Mittel des uneigentlichen Sprechens, bildhafter Ausdruck ohne Vergleichspartikel	„Dieser Schlange müssen wir beizeiten den Kopf abschlagen." (S. 9)

STILMITTEL	DEFINITION	TEXTBELEG
Repetition	Wiederholung von Wörtern oder Wortgruppen	„‚Paul, Paul, Paul. Dann sag doch mal, wo du herkommst', forderte Bastian ihn auf." (S. 23)
Rhetorische Frage	Frage, die keine Antwort erwartet	„‚Peter, Peter', knurrte Ziegen. ‚Ein bisschen mehr Einsicht in den Ernst der Lage habe ich von dir aber doch erwartet. Oder freust du dich auf den Endsieg?'" (S. 342 f.)
Vergleich	Anschauliche Verknüpfung zweier Bedeutungsbereiche mittels Vergleichspartikel	„Dunkelheit legte sich wie ein Schleier über den Takuplatz." (S. 108)
Wortspiel	Spielerischer Umgang mit Worten und deren Sinn	„‚Wie du siehst, räumen wir auf.' Ziegen machte eine ausholende Handbewegung. Dann lachte er schallend. ‚Ja, wir haben ziemlich aufgeräumt.'" (S. 351)

3.7 Interpretationsansätze

ZUSAMMENFASSUNG

Elisabeth Zöller stellt in ihrem Tatsachen-Thriller *Wir tanzen nicht nach Führers Pfeife* mit Hilfe historischer Fakten die inhumane staatliche Gewalt der Hitler-Zeit dar. Exemplarisch stellt sich hier die Gruppe der Edelweißpiraten gegen die rigorosen und gewalttätigen Verhältnisse während des Nationalsozialismus in Deutschland: Das Prinzip der Hoffnung gibt ihnen auch in aussichtslosen Situationen immer wieder Kraft zum Durchhalten und Überleben.

Totalitarismus

Nazi-Deutschland

Der Totalitarismus ist ein politisches System, das den Staat absolut setzt. **Charakteristisch für den Totalitarismus** ist

- → eine Ideologie (Rassenideologie),
- → eine Ein-Parteien-Regierung mit einer Führerpersönlichkeit (NSDAP und Hitler),
- → ein Medien- und Informationsmonopol (Volksempfänger, Wochenschau),
- → ein Waffenmonopol und eine zentral gelenkte Wirtschaft.

Menschen in einem totalitären System sind einer propagandistischen Gleichschaltung mit einem damit verbundenen ausgeprägten **Anpassungsdruck** unterworfen. Individuelle Rechte werden negiert und Verstöße gegen die Regeln des Systems rücksichtslos verfolgt und sanktioniert. Eine der Grundlage dafür ist die **Überwachung der Bürger** durch Repräsentanten des Systems bis in persönliche Bereiche.

Umfassende Überwachung

Zöller stellt in *Wir tanzen nicht nach Führers Pfeife* die historischen Verhältnisse der Nazi-Herrschaft detailgetreu dar und zeigt die Überwachung Bastians an seinem Arbeitsplatz und die Rekrutierung Pauls als Spitzel durch Eugen Ziegen.

Spitzeldienste

Nach seiner Entlassung aus dem EL-DE-Haus hat Bastian auf Anordnung Ziegens an seinen Ausbildungsplatz zurückzukehren: „[…] Frei, du meldest dich bei deinem Betriebsobmann und machst Meldung. […] Ich habe ein Auge auf euch. Und denkt daran: Ich bin immer für euch da. Jetzt haut endlich ab." (S. 81) Selbstverständlich ist Betriebsobmann Mahlmann von Ziegen über Bastians Verhalten informiert worden (S. 89) und selbstverständlich erwartet Ziegen, dass Mahlmann Druck auf Bastian ausübt und ihn diszipliniert. Mahlmann, als treuer Handlanger des Regimes, erfüllt die in ihn gesetzten Erwartungen: „Ich belasse es heute bei einer Verwarnung. Fällst du noch einmal auf, leistest du Osteinsatz." (S. 89)

Ein weiteres Glied in der Überwachungskette ist SS-Oberscharführer Frericks, der wie folgt charakterisiert wird:

> „Mahlmanns Mann fürs Grobe, für die schwierigen Fälle. […] Worte wie ‚bedingungslose Opferbereitschaft' und ‚Treue und Kameradschaft' benutzte er oft und gerne. SS-Oberscharführer Frericks führte auch Aufsicht über die HJ. Genauso wie über die Werksfeuerwehr, den Werkschutz und den Spielmannszug der DAF. Er wurde gerne laut und war sich, wie er betonte, zu nichts zu schade." (S. 86)

Vernetzung der Überwachungsorgane

Dass die **Überwachungsmechanismen** greifen, zeigt sich in einer Konfrontation Bastians mit Frericks. Nach der Flugblattaktion im Hauptbahnhof hat Ziegen sich mit ihm in Verbindung gesetzt, wie Frericks Bastian wissen lässt:

> „Frericks' Stimme wurde gefährlich ruhig, als er betont langsam sagte: ‚Oberkommissar Ziegen, du erinnerst dich an ihn, Frei? Er

> interessiert sich für dich.' [...]. ‚Ich habe ihm gesagt, ich wüsste nicht, was du in deiner Freizeit treibst, aber ich wüsste wohl, dass du schon an drei Samstagen nicht mehr bei der Werks-HJ gewesen bist. Oder hat einer von euch den da gesehen?'" (S. 208)

Damit erzeugt Ziegen über seine Handlanger Mahlmann und Frericks bei Bastian die **Angst, die in Anpassung münden soll**: „*Wir kriegen dich*. Dieser Satz wollte nicht mehr aus seinem Kopf. Jetzt war ihm auch Mahlmann auf den Fersen." (S. 211) Schließlich erreicht Frericks, dass Bastian in ein Wehrertüchtigungslager gebracht wird. Ziegen ordnet Bastians Entlassung an, damit er Paul Stern, den er für Peter König hält und durch Erpressung als Spitzel rekrutiert, auf ihn ansetzen kann. Paul Stern wiederum lässt er von Karlu Meisner beobachten (S. 294).

Rechtlosigkeit des Individuums

Ein weiteres Merkmal des totalitären Staates ist die Rechtlosigkeit des Einzelnen gegenüber dem Staat und seiner Repräsentanten. Dies zeigt Zöller in verschiedenen Ausformungen. Eine dieser Ausformungen ist das Vorgehen Ziegens und Klapproths bei der ersten Verhaftung Bastians: Rücksichtslos stürmen sie in die Wohnung und machen in ihrer Rüpelhaftigkeit auch vor der alten Frau Frei und der kleinen Elli nicht halt (S. 59). Am eindrücklichsten wird die **Rechtlosigkeit des Individuums** an Föls' und Klapproths Umgang mit Bastian dargestellt. Von beiden wird er geschlagen und für Föls scheint das Misshandeln von Menschen eine Art von Sport zu sein: „Föls! Den Namen kannte jeder. Ein mitleidloser Schläger, der mit Spaß bei der Sache war." (S. 65) Nicht anders ist es mit Klapproth, der Bastian unvermittelt in einer Verhörsituation angeht:

> „Der Faustschlag kam von hinten und erwischte Bastian hinter dem linken Ohr. Er kippte vom Stuhl. Grinsend stand Klapproth

hinter ihm, zerrte ihn am Hemdkragen wieder auf die Beine und drückte ihn zurück auf den Sitz. Kaum saß er, schlug er ihm mit der rechten Hand ins Gesicht." (S. 74)

Körperliche Gewalt und Erpressung

Dass dieses Vorgehen die Regel ist und nicht die Ausnahme, zeigt sich im Wehrertüchtigungslager Burg Vogelsang, wo Bastian ebenfalls gequält wird (S. 236). Ein weiteres Beispiel der Negierung individueller Rechte ist der Umgang der Gestapo mit Zacks Mutter, nachdem ihr Sohn erschossen wurde. Hier wird keine körperliche, sondern **psychische Gewalt** angewendet. Die Wohnung wird durchsucht und die Mutter soll die Leiche ihres Sohnes nur erhalten, wenn sie Namen preisgibt: „Sie wollten wissen, mit wem er sich so herumgetrieben hat. Namen, Adressen von Freunden. Sie darf ihren Sohn nicht begraben, wenn sie nicht auspackt." (S. 104)

Internierung von Kindern: Sippenhaft

Wie total der Zugriff des Staates auf seine Bürger ist, zeigt sich in jener Erzählsequenz mit dem im EL-DE-Haus einsitzenden Kind, das für seinen Vater büßen muss: „‚Lasst mich hier raus', rief eine Kinderstimme voller Panik, ‚lasst mich hier raus. Ich hab doch nichts gemacht!' ‚Du nicht, aber dein Vater.' Föls lachte." (S. 79) Und auch Bastian hat Angst, dass seine Familie für seine Vergehen bestraft werden könnte. Er willigt erst in die Sabotageaktion bei *Ford* ein, als er seine Mutter, Elli und die Großmutter außer Reichweite weiß: „Ich bin dabei. Egal, was du machst. Aber lass mich zuerst meine Familie versorgen." (S. 258)

Hoffnung

Hoffnung durchzieht den Roman

Das wichtigste Thema des Romans, das der Ideologie und den Repressalien der Nazi-Herrschaft gegenübersteht, ist die Hoffnung: So heißt der Epilog „Die Farbe der Hoffnung" (S. 367). Selbst **kleine Schritte erzeugen Hoffnung**, die Nazi-Maschinerie aufzuhalten und damit Leben zu erhalten.

Träger dieser Thematik ist die **Geschichte der beiden im Gefängnis sitzenden Juden**, die als Motiv mehrfach auftaucht[37] und die hier zitiert wird:

> „Der Vater hatte immer wieder die Geschichte von den zwei Juden im Gefängnis erzählt.
> *Der eine schlief meistens. Fragte ihn der andere, warum.*
> *‚Um Kraft zu sammeln, die werde ich brauchen.'*
> *‚Aber hast du gar keine Angst?'*
> *‚Nein, die Zeit der Angst ist vorbei. Jetzt beginnt die Zeit der Hoffnung.'*" (S. 16)

Pauls Vater erzählt sie seinem Sohn, Paul wiederum erzählt sie Franzi „wohl hundertmal" (S. 397) und auch der kleinen Elli (S. 120 f.). Diese stellt die interessante Frage: „Was ist das, Paul, Hoffnung?"

Der Jude Paul hofft aufs Überleben

Gemeinhin bezeichnet man als Hoffnung die Erwartung eines ersehnten Zustandes, der mit der eigenen seelischen Grundstimmung übereinstimmt. Die Diskrepanz zwischen dem tatsächlichen Zustand und dem erhofften Zustand lässt einen Menschen handeln. Für Paul ist dies der Versuch, in Köln unterzutauchen und seinen antisemitischen Verfolgern zu entkommen: „Diese große Stadt könnte seine Chance sein, auch wenn er jetzt noch nicht wusste, wie das ohne Papiere und ohne Lebensmittelkarten gehen sollte." (S. 18) Paul bezieht seine Kraft aus der Geschichte von den beiden Juden. Tatsächlich scheint sich seine Hoffnung zu erfüllen, als er auf die Edelweißpiraten trifft, die ihn zunächst verstecken und ihm dann eine neue Identität verschaffen. Wie wichtig in diesem Zusammenhang das Motiv der Hoffnung ist, zeugt die explizite Verwendung des Wortes durch Franzi angesichts der bevorstehenden

---

37 Siehe Kapitel 3.6, Themen und Motive, Herr Wutz.

Hoffnung	gegen →	**Totalitarismus**
Humanität		Menschenverachtung
Solidarität		Überwachung
Freundschaft		Verrat

Gegenüberstellung Pauls mit Frau Osmann: „‚Nein‘, seufzte Franzi, ‚Sicherheit haben wir nicht. Nur die Hoffnung, dass sie ein guter Mensch ist.‘“ (S. 271)

Bastian hofft auf Moral

Auch Bastian lebt von der Hoffnung, zuletzt lässt sie ihn gar überleben. Seinen unbeugsamen, die Nazis verachtenden Vater vor Augen, handelt er nach dessen moralischen Maßstäben und nicht im Sinne der Nazi-Ideologie.[38] **Kraft geben ihm seine Freunde**, an die er nach seiner endgültigen Freilassung denken muss:

> „Und er dachte dabei an Elli und seine Mutter und seinen Vater. Und natürlich an seine Freunde, an Zack, Ralle, Fatz, Billi und Freddie, Hotte und Franzi, und vor allem an Paul. Sie alle hatten dafür gesorgt, dass in diesem Krieg die Hoffnung nicht untergegangen war.“ (S. 410)

Franzi hofft auf Pauls Kind

Auch für Franzi ist das Prinzip Hoffnung existenziell. Sie klammert sich daran, als sie realisiert, dass Paul verschwunden bleiben und sie allein mit seinem Kind zurückbleiben wird. Die Geschichte von den zwei Juden ist ihr dabei eine **Kraftquelle**, die sie auch dem ungeborenen Kind erzählt (S. 397):

---

38 Dazu siehe Prüfungsaufgaben mit Musterlösungen, Aufgabe 2.

„Sie sagte sich diese Sätze, Pauls Sätze, immer wieder laut vor. Dabei wurde ihr klar: Die Hoffnung war ein irrwitziges Ding. Zwar war sie sich inzwischen immer sicherer, dass sie Paul nie wiedersehen würde. Doch immer wenn alles zusammenzubrechen drohte, stieg diese kleine, trotzige Hoffnung auf und konnte sehr groß werden und sehr stark.“ (S. 397)

4. REZEPTIONSGESCHICHTE

ZUSAMMENFASSUNG

Wir tanzen nicht nach Führers Pfeife ist von den Rezensenten sehr gut aufgenommen worden. Sie zeigten sich beeindruckt vom erzählerischen Können Elisabeth Zöllers und würdigten die erzählerische Zuwendung zum Widerstand Jugendlicher, der sowohl literarisch als auch historisch bisher vernachlässigt worden ist. U. a. mit dieser literarischen Aufarbeitung erfuhren auch die Edelweißpiraten eine geschichtliche Rehabilitation.

Appell an die Humanität

Julia Behrens lobt in ihrer Rezension u. a. die gelungene Charakterzeichnung der verschiedenen Figuren und versteht den Roman als Aufforderung zu einer Gegenkultur in inhumanen Zeiten:

> „Zöller zeichnet jeden Charakter ganz individuell, lässt den Leser in seine Seele schauen und mit ihm stolpern, fallen und immer wieder aufstehen. Dadurch erlebt man hautnah mit, wie der Krieg die Menschen verändert, was er ihnen abverlangt und wie er ihnen ungeheure Entscheidungen aufgezwungen hat. *Wir tanzen nicht nach Führers Pfeife* ist ein Appell an die Menschlichkeit und ein großartiges Plädoyer für Zivilcourage, auch und gerade in schweren Zeiten."[39]

---

39 http://www.jugendbuch-couch.de/elisabeth-zoeller-wir-tanzen-nicht-nach-fuehrers-pfeife.html

Angelika Schmitt-Rößer zeigt sich vom erzählerischen Können Elisabeth Zöllers beeindruckt:

> „Schon im Vorspann zum Roman faltet sie in einer kurzen Szene auf, worum es gehen wird: Standartenführer Schründer und Hauptsturmführer Klawes machen Oberkommissar Ziegen in einer spätabendlichen 15minütigen Sitzung klar, dass sie von ihm baldmöglichst die Zerschlagung der jugendlichen Widerstandsgruppen erwarten („...Dieser Schlange müssen wir beizeiten den Kopf abschlagen"... machen Sie kurzen Prozess." S. 10/11)."[40]

Genaue Ortsbeschreibungen

Außerdem lobt sie die exakte Beschreibung des innerstädtischen Köln und der Gefängnisse von Polizei und Gestapo:

> „Zudem beeindruckt hat mich Zöllers genaue, detailreiche Beschreibung von Köln, den Straßen und Plätzen, den Stadtteilen in den sich die Jugendlichen wie Fische im Wasser bewegen, aber auch den Gefängnissen, insbesondere dem berüchtigten El-De-Haus (dem Gestapo-Hauptquartier) wo sie wie unzählige andere Opfer gequält und gefoltert werden."[41]

Diskussionspotenzial

Ulrike Schimming betont in ihrer Bewertung von *Wir tanzen nicht nach Führers Pfeife* die Berücksichtigung des sogenannten proletarischen Widerstandes und die gedankliche Tiefe des Buches:

> „Jenseits vom bekannten, intellektuellen Widerstand um die Weiße Rose, dem moralischen eines Dietrich Bonhoeffers oder

---

40 http://lernen-aus-der-geschichte.de/Lernen-und-Lehren/content/11344
41 Ebd.

Hinrichtung von Edelweißpiraten in Köln-Ehrenfeld am 10.11.1944 in der Hüttenstraße beim Bahnhof © ullstein bild – Süddeutsche Zeitung Photo / Scherl

des politisch-visionären Attentats vom 20. Juli 1944 erfährt der Leser hier, dass auch Teile der Arbeiterjugend sich auflehnten und etwas gegen das Unrechtsregime taten. Wie selbstverständlich ziehen sich philosophische Grundfragen um Moral, Menschenwürde und Authentizität durch den Roman und bieten jede Menge Diskussionsstoff."[42]

Selbst in renommierten Tageszeitungen wie der *Süddeutschen Zeitung* und der *FAZ* ist der Roman besprochen worden. Das Echo war durchweg positiv bis respektvoll, so in der Besprechung in der *SZ*

---

42 http://letteraturen.letterata.de/2012/09/edelweisspiraten/

vom 9.10.2012. Rezensent **Ralf Husemann** zeigt sich beeindruckt vom Realismus des Romans:

> „Doch trotz aller nicht geschönten Grausamkeiten bei den Gestapo-Verhören und den unerträglichen Zuständen in den Gefängniszellen wie in den Ruinen, ist es Elisabeth Zöller gelungen, eine Geschichte zu schreiben, die, wie zu hoffen ist, heutige Jugendliche nicht abschreckt. Ein bisschen hilft dabei vielleicht die zarte Liebesgeschichte zwischen dem ‚Halbjuden' Paul und der in einer Gärtnerei arbeitenden Franzi, der Schwester eines Edelweißpiraten. Ein Happy End gibt es freilich nicht, nur ein bisschen Hoffnung bleibt."[43]

Spannend und historisch wichtig

Maria Frisé, Rezensentin der FAZ, beeindruckt das Element der Spannung, das den Roman durchzieht. Außerdem honoriert sie die literarische Verarbeitung des Widerstandes Jugendlicher. In ihrer Buchbesprechung vom 28.12.2012 heißt es:

> „Einen ‚Tatsachen-Thriller' nennt Elisabeth Zöller ihr neues Buch im Untertitel. Wahrhaftig: Ihre Geschichte der Kölner Edelweißpiraten ist spannend von der ersten bis zur letzten Zeile, und die Tatsachen, auf denen sie gründet, betreffen eines der wichtigsten und gleichzeitig ein immer noch zu wenig bekanntes Zeugnis des Widerstands Jugendlicher gegen den NS-Terror in den schrecklichen letzten Kriegsjahren."[44]

---

43 Zit. nach http://www.buecher.de/shop/2-weltkrieg/wir-tanzen-nicht-nach-fuehrers-pfeife/zoeller-elisabeth/products_products/detail/prod_id/35727704/

44 http://www.faz.net/aktuell/feuilleton/buecher/rezensionen/kinderbuch/edelweisspiraten-im-jugendroman-je-naeher-das-kriegsende-rueckt-desto-groesser-wird-der-terror-12008410.html

Lesung an der Universität Paderborn

Eine systematische **literaturwissenschaftliche Analyse** des Romans ist bisher noch nicht erfolgt, wohl aber wurde im November 2012 durch das Institut für Germanistik und Vergleichende Literaturwissenschaft der Universität Paderborn eine Lesung Elisabeth Zöllers aus ihrem Roman organisiert. *Wir tanzen nicht nach Führers Pfeife* gehört zum Lektürekanon der Realschulen.

5. MATERIALIEN

Die Edelweißpiraten

Die Ursprünge der Edelweißpiraten liegen in der Wandervogelbewegung, die am 4. November 1901 mit dem „Wandervogel-Ausschuss für Schülerfahrten e.V." in Berlin gegründet wurde.[45]

Wandervogelbewegung

Ab 1904 bildeten sich im gesamten Deutschen Reich verschiedene Wandervogel-Bünde, 1913 folgte mit dem „Wandervogel e.V." die Gründung des Zentralverbandes. Dieser Zentralverband löste sich 1922 auf, so dass in den zwanziger Jahren wieder zahlreiche Einzelverbände bestanden wie z. B. der Jungdeutsche Bund, Wandervogel Völkischer Bund oder der Nerother Wandervogel. 1926 schlossen sich die Einzelgruppen zum „Bund der Wandervögel und Pfadfinder" zusammen, der sich 1927 in Deutsche Freischar (DF) umbenannte. Die bündische Jugend wollte mit dem „Ideal des solidarischen Lebens mit freiwilliger Disziplin, aber ohne Ideologien und Klassenschranken die Gesellschaft verändern" (S. 416). Die neue Ausrichtung zeigte sich u.a. darin, dass sich die jungen Menschen über den zu dieser Zeit herrschenden Geschlechts- und Standesdünkel hinwegsetzten und Mädchen sowie Volksschüler in ihre Bünde aufnahmen. Zu ihrem Programm gehörten das gemeinsame Musizieren und Exkursionen in die Natur.

1933 lösten die Nationalsozialisten sämtliche Bünde zugunsten der Hitler-Jugend (HJ) für die Jungen und den Bund deutscher Mädel (BDM) für die Mädchen auf. Die in der HJ und im BDM organisierten Jugendlichen waren für die Nationalsozialisten keine Individuen, sondern Träger der nationalsozialistischen Ideologie.

1933: Verbot der Jugendbünde

---

45 Vgl. auch http://www.spiegel.de/einestages/kalenderblatt-4-11-1901-a-948801.html

Sie hatten sich nicht zu entwickeln, sondern zu funktionieren, weshalb die Jungen durch militärischen Drill gefügig gemacht und zu blindem Gehorsam abgerichtet wurden. Die Mädchen wurden auf ihre Mutterrolle festgelegt in der Absicht, dem Führer bei biologischer Eignung ein Kind zu schenken. Im Dezember 1936 wurde von der Reichsregierung das Gesetz über die Hitler-Jugend erlassen. Es legte fest, dass „die gesamte deutsche Jugend (...) außer in Elternhaus und Schule in der Hitler-Jugend körperlich, geistig und sittlich im Geiste des Nationalsozialismus zum Dienst am Volk und zur Volksgemeinschaft zu erziehen sei".[46] Damit wurde ein totalitärer staatlicher Anspruch in einen Gesetzestext gefasst.

Erlass der Jugenddienstpflicht

1939 folgte auf der Grundlage dieses Gesetzes die Jugenddienstpflicht, die eine Zwangsmitgliedschaft in HJ und BDM bedeutete. Damit wurden abermals die Interessen des totalitären Staates über ein individuelles Wollen gesetzt. Als Reaktion darauf bildeten sich sogenannte wilde Jugendgruppen, deren Mitglieder sich der staatlichen Vereinnahmung entziehen wollten. Um ihre Distanz zum Regime auszudrücken, nannten sie ihre Gruppen „Harlem-Club", „Navajos" oder „Edelweißpiraten".

Gründung als Protest gegen staatliche Vereinnahmung

Die Edelweißpiraten bildeten die größte Gruppe. Sie agierte im gesamten deutschen Reich, ein regionaler Schwerpunkt lag im Rhein-Ruhr-Gebiet, so auch in Köln. Ihre Mitglieder kamen aus Arbeiterfamilien; als Erkennungszeichen trugen sie einen Edelweißanstecker. Wie die Angehörigen der bündischen Jugend lehnten sie Autoritäten ab „und hielten am Ideal einer klassen- und ideologiefreien Gesellschaft fest, weswegen sie vom NS-Regime verfolgt wurden" (S. 417). Zu den Ehrenfelder Edelweißpiraten gehörten die inzwischen 91 Jahre alte Gertrud „Mucki" Koch[47],

---

46 Zitiert nach http://www.jugend1918-1945.de/thema.aspx?s=5380&m=3448&v=5380

47 http://www1.wdr.de/mediathek/audio/wdr5/wdr5-erlebte-geschichten/audio-erlebte-geschichten-gertrud-koch–102.html

der 2011 verstorbene Jean Jülich[48] und der 2012 verstorbene Fritz Theilen[49].

Mitglieder der Edelweißpiraten prügelten sich mit Mitgliedern der HJ, versahen Mauern und sonstige geeigneten Flächen mit antinazistischen Parolen und verteilten Flugblätter antinazistischen Inhalts. Polizei und Gestapo blieb dieses Tun natürlich nicht verborgen. Sie interpretierten es als widerständisches Handeln, das sanktioniert werden musste. Entsprechend wurden die Mitglieder der Edelweißpiraten verfolgt.

Widerstand gegen die Nazis, Verfolgung und Liquidierung

1943 gingen einige Mitglieder der Edelweißpiraten aus dem Kölner Stadtteil Ehrenfeld in die Illegalität und nahmen Kontakt mit dem Kölner „Nationalkomitee Freies Deutschland" auf. Mitglieder beider Gruppen organisierten Waffen, in der Folge kam es zu Schießereien mit der Gestapo und der Polizei. Am 26.9.1944 wurde Polizeiinspektor Wilhelm Schiefer erschossen, am 28.9.1944 der NS-Ortsgrupppenleiter Heinrich Soentgen.[50] Anfang Oktober 1944 wurden einige der Edelweißpiraten festgenommen, darunter der 16-jährige Bartholomäus Schink. Weitere Verhaftungen folgten und am 10. November 1944 wurden die inhaftierten Edelweißpiraten zusammen mit weiteren Gefangenen ohne Gerichtsverfahren erhängt (siehe Bild S. 108). Zu den Delinquenten gehörte auch Bartholomäus Schink.

Kriminalisierung der Gruppe auch nach dem Krieg

Die Verfolgung und Liquidierung der Edelweißpiraten endete mit dem Krieg. Sollten Überlebende der Gruppe Respekt aufgrund ihrer widerständischen Haltung erwartet haben, so sahen sie sich getäuscht. Von der Polizei und der Gestapo waren sie als kriminell angesehen worden und auch in der BRD wurden sie als gemei-

---

48 https://www.youtube.com/watch?v=plGNNCJACxk
49 http://www.dubistanders.de/Fritz-Theilen
50 http://www.museenkoeln.de/ausstellungen/nsd_0404_edelweiss/db_inhalt.asp?C=403

ne Verbrecher eingestuft, da die Polizeibehörden die Gestapoakten unkritisch übernommen hatten.[51]

Rehabilitation

Als die Mutter von Bartholomäus Schink 1952 einen Antrag auf Rehabilitierung ihres Sohnes als politisch Verfolgten stellte, wurde dieser von entsprechender Stelle abgelehnt mit der Begründung, dass es sich bei den Edelweißpiraten um eine Verbrecherbande gehandelt habe. Als 1982 der zu jener Zeit noch lebende Edelweißpirat Jean Jülich, der Widerständler Michael Jovy sowie posthum Bartholomäus Schink in der israelischen Holocaust-Gedenkstätte Yad Vashem als „Gerechte unter den Völkern" geehrt wurden, konnte sich die BRD im Allgemeinen und die Stadt Köln im Besonderen ihre Verachtung nicht mehr leisten. Eher widerwillig vollzog sich eine Neubewertung der Edelweißpiraten. In Ehrenfeld gibt es heute eine Bartholomäus-Schink-Straße am Ehrenfelder Bahnhof inklusive einem dort platzierten Mahnmal. Seit 10 Jahren gibt es in Köln das Edelweißpiraten-Festival, bei dem an die Widerständler erinnert wird.[52] 2004 drehte Niko von Glasow den Film *Edelweißpiraten* mit Anna Thalbach und Bela B. Felsenheimer um die Widerstandsgruppe aus dem Ehrenfeld-Viertel. Im Film spricht Jean Jülich im Kölner Dialekt die Rahmenhandlung.

Köln im 2. Weltkrieg

1945 ist Köln vollkommen zerstört

„Köln am Rhein ist nun ein Paradigma der Zerstörung. Das nahe gelegene Aachen ging anders zugrunde: sein schönes, melancholisches Gerippe steht noch, aber hinter den eleganten, verzierten Fassaden ist es ausgebrannt. Köln dagegen mit seiner schweren

---

51 Vgl. auch http://www.domradio.de/audio/wir-tanzen-nicht-nach-fuehrers-pfeife-elisabeth-zoeller-ueber-die-edelweisspiraten

52 http://www.welt.de/print/welt_kompakt/koeln/article134040885/Im-Kampf-gegen-das-Nazisystem.html

mittelalterlichen Pracht ist in die Luft gesprengt worden. Im Schutt und in der Einsamkeit völliger physischer Zerstörung lehnt Köln, bar jeder Gestalt und schmucklos, an seinem Flußufer."[53]

Mit diesen Worten beschreibt die renommierte amerikanische Journalistin und Kriegsreporterin Janet Flanner, die mit amerikanischen Truppenverbänden nach Köln gekommen war, den Zustand der Stadt 1945 (siehe Bild S. 15). Die vollständige Zerstörung der rheinischen Metropole war das Ergebnis einer Kriegsstrategie, die auf die Zermürbung der Zivilbevölkerung durch Flächenbombardements setzte. Verantwortlich für diese Art der Kriegsführung war der britische Luftwaffenoffizier Sir Arthur Harris („Bomber-Harris"). Im Februar 1942 wurde er Oberbefehlshaber der britischen Bomberverbände. In dieser Funktion entwickelte Harris die Strategie der Flächenbombardements, bei denen die Wohnviertel deutscher Städte mit Spreng- und Brandbomben großflächig bombardiert werden sollten. Mit diesen Angriffen wollte Harris den Verteidigungswillen der deutschen Zivilbevölkerung brechen.

Flächenbombardements deutscher Städte

Die Flächenbombardements ließ Harris erstmals im März 1942 an der norddeutschen Stadt Lübeck üben, dann folgten massive Luftangriffe auf Rostock (April 1942), Köln (Mai 1942, Juni 1943, März 1945) Hamburg (Juli 1943) und ab November 1943 auf Berlin. Mitte Februar 1945 noch ließ Harris die mit Flüchtlingen überfüllte Stadt Dresden bombardieren. Nahezu 25.000 Menschen starben.

Millenium-Angriff Ende Mai 1942

Eine der am stärksten bombardierten Städte war Köln. In der Nacht zum 31. Mai 1942 flog die britische Royal Air Force einen mit dem Decknamen „Millenium-Angriff" bezeichneten Luftangriff auf die Stadt, bei dem erstmals über 1.000 Bomber eingesetzt wurden (S. 95). Dies war der Beginn der Zerstörung der Stadt, was bis

---

53 Flanner, Janet: *Paris, Germany. Reportagen aus Europa 1931–1950*, S. 95.

1945 fortgesetzt wurde. In der Nacht zum 29. Juni 1943 erlebte Köln mit dem sogenannten „Peter-und-Paul-Angriff" seinen schwersten Bombenangriff überhaupt (S. 114 ff.). Über 4.000 Menschen starben, die Innenstadt wurde vollkommen zerstört. Zusätzlich zu den verheerenden Nachtangriffen flogen ab 1943 amerikanische Langstreckenbomber am Tag Präzisionsangriffe gegen die Stadt und zerstörten das, was durch die Flächenbombardements nicht destruiert worden war.

„Die Gleise waren ein bevorzugtes Ziel der Bomber. Tagsüber wurden sie jetzt oft von einzelnen Maschinen angegriffen. Jagdbomber, die man erst hörte, wenn es fast zu spät war." (S. 27)

Tagesbombardements

Die deutsche Flugabwehr und deutsche Jagdflugzeuge hatten den Alliierten nichts entgegenzusetzen. Ab März 1944 übernahmen die Alliierten die Kontrolle über den deutschen Luftraum und setzen die Bombardements gezielt fort. Köln wurde 262-mal angegriffen, häufiger als jede andere deutsche Großstadt. Der letzte große Luftangriff erfolgte am 2. März 1945 zur Vorbereitung der Einnahme der Stadt durch die Amerikaner. Als diese Köln schließlich besetzten, war die Stadt am Ende und die Zahl ihrer Bewohner stark dezimiert. Von den ursprünglich 800.000 Einwohnern waren weniger als 100.000 übrig geblieben. Die Menschen waren entweder geflohen oder gestorben.[54] Nach wie vor werden im Kölner Stadtgebiet Blindgänger aufgefunden.[55]

---

54 http://www.museenkoeln.de/ns-dokumentationszentrum/pages/394.aspx?s=394!prettyPhoto
55 Letzte Bomben-Entschärfung: Januar 2016.

Äußerungen von Elisabeth Zöller

In einem 2012 gegebenen Interview äußerte sich Elisabeth Zöller auf die Frage, warum sie einen Roman über die Edelweißpiraten geschrieben habe, wie folgt:

„Für mich war es wichtig, dass ich einmal Widerstand im 3. Reich darstellte. Und mir war es noch wichtiger, dabei Jugendliche darzustellen, glaubhaft darzustellen, so wie sie waren, historisch relevant. Und da bin ich, schon lange bevor ich's geschrieben hab', auf die Edelweißpiraten gestoßen, hab' mich eingearbeitet in dieses Thema und wusste dann: Ja, das will ich. Vor allem weil's Arbeiterkinder waren, die wirklich aus ihrem Gewissen heraus dagegen was machen wollten und da nicht mitmachen wollten."[56]

Interesse am Widerstand von Jugendlichen

Ihre Verarbeitung zeitgeschichtlichen Geschehens in einen Roman ist für Zöller ein Weg, sich Geschichte zu vergegenwärtigen, so sagt sie in demselben Interview:

„Wir müssen aus Geschichte Geschichten machen, um das erlebbar zu machen, was in der Geschichte sich an überraschenden, überzeugenden, überwältigenden Dingen ereignet hat."[57]

---

56 http://www.domradio.de/audio/wir-tanzen-nicht-nach-fuehrers-pfeife-elisabeth-zoeller-ueber-die-edelweisspiraten

57 Ebd.

6. PRÜFUNGSAUFGABEN MIT MUSTERLÖSUNGEN

Die Zahl der Sternchen bezeichnet das Anforderungsniveau der jeweiligen Aufgabe.

Aufgabe 1 *

Stellen Sie unter Verwendung geeigneter Zitate die Entwicklung des Widerstands der Edelweißpiraten und Pauls dar.

Anti-nazistische Propaganda

Mögliche Lösung: Die Frühphase des Widerstands durch die Edelweißpiraten kann man mit einem Bibelzitat charakterisieren: „Im Anfang war das Wort."[58] In dieser Phase versehen sie geeignete Flächen mit antinazistischen Parolen, wobei sie sehr genau überlegen, wie sie möglichst viele Menschen erreichen können. Fatz z. B. schlägt „Litfaßsäulen und Bahnunterführungen" (S. 108) vor und will auch Verkehrsmittel als Medium einsetzen: „‚Straßenbahnen', sagte Fatz, ‚wir sollten über Straßenbahnen nachdenken.'" (S. 109)

Unterstützung für Juden und Zwangsarbeiter

Eine frühe widerständische Handlung ist auch der Schutz des Halbjuden Paul. Die antisemitische Propaganda vom Juden als Staatsfeind ignorierend, bewahren sie Paul vor Verfolgung und Deportation in den Osten. In diese Kategorie gehört ebenfalls der Diebstahl von Nahrungsmitteln, die sie zum Teil Kriegsgefangenen und Zwangsarbeitern (vgl. S. 85) zukommen lassen.

Kooperation mit Otto Steinkamp: Flugblätter

Hatte diese Art des Widerstandes noch etwas Allgemeines, ändert sich das nach der Erschießung Zacks sowie der Konfronta-

58 Evangelium nach Johannes, Kapitel 1, Vers 1.

tion Bastians und Hottes mit dem NS-Regime (repräsentiert in der Person Eugen Ziegen). Die Parolen verlieren ihre Unverbindlichkeit und werden direkter: *„Naziköpfe rollen nach dem Krieg"* und *„Tod für Ziegen"* heißt es jetzt (beide S. 108). Gleichzeitig kommt es zur Kooperation mit dem von der Gestapo gesuchten Otto Steinkamp (S. 128 f.), die zur Verteilung von Flugblättern in Flugabwehrstellungen führt (S. 195 ff.) und in der spektakulären Flugblattaktion im Hauptbahnhof gipfelt (S. 201 ff.).

Gewalt contra Gewaltlosigkeit

Waren die bisherigen Aktionen noch von Gewaltlosigkeit geprägt, ändert sich das mit der Verhaftung Billis durch die Gestapo. Dadurch verunsichert kommt es innerhalb der Edelweißpiraten zur Bildung zweier Fraktionen: Die eine Gruppe ist gegen Gewalt, die andere propagiert das Ende der Zurückhaltung. Freddie äußert sich wie folgt: „Ich finde, wir sollten Föls aus dem Verkehr ziehen. Erstens ist der überfällig, und zweitens können wir verhindern, dass er auf Billi herumprügelt." (S. 227) Ralle geht noch einen Schritt weiter, indem er der Gestapo offen den Krieg erklären will: „‚Und drittens', ergänzte Ralle, ‚wäre das eine deutliche Warnung an die Gestaposchweine.'" (S. 227) Hier ist der Punkt, wo die Gemeinschaft hinsichtlich der anzuwendenden Maßnahmen auseinanderfällt. Franzi spricht stellvertretend für die, die Gewalt ablehnen: „‚Was könnten wir sonst tun, Ralle? Immerhin setzen wir Zeichen. Wir zeigen, dass wir nicht einverstanden sind, nicht mit den Nazis und nicht mit dem Krieg. Manchen Menschen fällt nur noch das Beten ein.'" (S. 228) Die Mitglieder der anderen Fraktion – wie Ralle und Freddie – machen sich lustig über den Einsatz von Flugblättern als Mittel des Widerstandes. In ihrer Haltung konsequent, schlagen sie den Menschenschinder Föls zusammen und malen Ziegen eine unmissverständliche Drohung in Form eines wuchtigen Bibelzitates über seine Haustür:

„*Auge um Auge* war in großen weißen Buchstaben über seine Haustür gepinselt. Ziegen drehte sich wie von selbst um und sah: *Zahn um Zahn* stand auf der Hauswand gegenüber." (S. 230)

Damit geben sie Ziegen gleichzeitig zu verstehen, dass sie von seiner Wohnung wissen, und versuchen so, ein Bedrohungsszenario aufzubauen. Später wird Ralle nach einer gescheiterten Aktion auf einen Polizisten schießen, um ihn zu töten (S. 346).

Tod von Vater ist Wendepunkt für Bastian

Der Widerstand Bastians[59] und vor allem der Widerstand Pauls sind von sehr individueller Natur. Bewegt sich Bastians früher Widerstand durchaus noch in den Konventionen der Gewaltlosigkeit, so verschärft er sich als eine Reaktion auf den Tod seines in „Schutzhaft" genommenen Vaters und die Verhaftung Billis, in deren Zusammenhang er mit der eigenen Verhaftung rechnet (S. 257 f.). Aus diesen Gründen lässt er sich auf eine hochgefährliche Sabotageaktion mit Jupp Jablonski ein (S. 308 ff.), die er ohne die Hilfe eines ihm wohlgesonnenen Schlossers mit dem Leben bezahlt hätte. Durch den von Ziegen aufgebaute Fahndungsdruck taucht Bastian in den Untergrund zu Otto Steinkamp ab, wo er seine widerständische Haltung wieder und wieder beweisen muss, was letztlich zu seiner Verhaftung führt.

Paul: Freundschaft zu Bastian

Pauls widerständische Haltung resultiert einmal aus seiner eigenen Verfolgung durch die Nazis und aus der Freundschaft zu Bastian. Zunächst verfasst und verteilt auch er Flugblätter, die von eindeutiger Diktion sind: „*Friede auf Erden. Trümmer und Schrott. Nun danket Gott.*" oder „*Mit Herz und Hand – für Führer, Volk und Vaterland. Aber das Hirn bleibt zu Hause.*" (beide S. 261) Dann erfährt er von Bastians Verhaftung und diese Mitteilung trifft ihn zutiefst: „‚Sie haben Bastian!' Paul murmelte es immer wieder vor sich hin."

---

59 Mehr dazu siehe Prüfungsaufgabe 2.

(S. 347) Aus dem Gefühl für seinen Freund wird eine Verpflichtung, nachdem er von Bastians Tat für ihn in der Haft hört: „Paul hätte sich ohrfeigen können. Bastian hatte ihn schützen wollen. Der war in Haft und wurde gefoltert und schützte ihn noch. Und er, Paul, saß hier, trank Kaffee und war ein elender kleiner Spitzel, ein Verräter." (S. 353) Aus dieser Haltung heraus und mit dem Vorsatz, seinen Freund vor der Hinrichtung zu retten, sucht er mit der Pistole im Hosenbund Ziegen auf, den er schließlich erschießt (S. 359 ff.).

Aufgabe 2 ***

Was sind die Beweggründe für Bastians Handeln? Belegen Sie Ihre Ausführungen mit geeigneten Textzitaten.

Humanistische Haltung

Mögliche Lösung: Bastian ist Zeuge der unmenschlichen Behandlung der polnischen und ukrainischen Zwangsarbeiter in den *Ford*-Werken und beschließt, ihnen zu helfen: „Bastian hatte gesehen, wie sie von den Abfalleimern in den *Ford*-Werken vertrieben wurden. Da hatten sie beschlossen, etwas zu tun." (S. 53) Dieses „Etwas" ist der Diebstahl von Lebensmitteln aus Güterzügen der Deutschen Reichsbahn, die Bastian und die Edelweißpiraten dann den Internierten zukommen lassen: „Ihre erste Verteilstation war immer das Gefangenenlager in der alten Gasfabrik." (S. 52) Dies ist Ausdruck einer zutiefst humanen Haltung, die Bastian schon durch seinen Vater Josef Frei erfahren hat. Von seiner Frau wird Josef Frei wie folgt beschrieben:

„‚Das Schöne in seinem Leben ist seine Familie', fuhr Frau Frei fort. ‚Sein Herz hängt an uns. Alles andere war Klöckner-Humboldt-Deutz. Josef Frei, Schlossermeister. Gewerkschafter. Er ist so stolz und dickköpfig.' Sie deutete auf Bastian. ‚Behalte meine Worte im

Kopf, wenn du dich mit dem da einlässt. Der ist genau so'n Dickschädel.'" (S. 37)

Prägung durch den Vater

Als Gewerkschafter opponierte Frei gegen die Vereinnahmung durch die Nazis, weshalb er „in einem Lager im Emsland" (S. 37) einsitzt, wo er später getötet wird. Dickschädel Bastian lässt sich trotz der Internierung seines Vaters und erst recht nicht nach dessen Tod von seinem Tun abbringen. Grund dafür ist die tiefe Verbundenheit, die er seinem Vater gegenüber empfindet, sowie die Werte, die er von seinem Vater vermittelt bekommen hat. *„Zuversicht, Schutz, Trost"* (S. 238) hat er von ihm erfahren, Geborgenheit und Zuwendung.

„Alles andere kam dann von selbst: Die Schrauberei an Papas Zündapp, das Fußballspielen, die Nähe, wenn er am Abend mit dem Vater am Tisch saß. Das Radio dudelte im Hintergrund [...], während Vater lächelnd aus der Zeitung vorlas oder mit ihm spielte. So war sein Vater. Und Bastian war stolz darauf." (S. 238)

Pädagogisch wertvolle Ohrfeige

Das Schlüsselerlebnis für Bastian ist eine Ohrfeige, die er nach einem Besuch bei den Pimpfen erhalten hatte. Beim Abendbrot schwatzt er antisemitische Parolen nach, woraufhin er von seinem ansonsten so sanften Vater geschlagen wird:

„Und dann gab es diese eine Ohrfeige – plötzlich wusste er es wieder – genau in diesem Moment, als er am Tisch das Wort ‚judenfrei' gesagt hatte. ‚Sag das nie wieder, mein Junge.' Vater hatte ihn geohrfeigt und dann sehr entschlossen angeschaut. ‚Nie wieder.'" (S. 239)

Diese Strafe seines Vaters hat Bastian geprägt und seinen Vater zum Ideal gemacht. Auf dem Fußmarsch vom in der Eifel gelegenen Wehrertüchtigungslager nach Köln denkt Bastian sehr intensiv an seinen Vater, von dessen Tod er kurz zuvor erfahren hat:

„Tausend Erinnerungsschnipsel zogen an ihm vorbei, und gleichzeitig fühlte er, wie nah sie sich waren, er und sein Vater. Der hatte so viele Gesichter gehabt. Der Gewerkschafter, darauf war er auch stolz. Und seine Unbeugsamkeit. Was hatte Papa immer gesagt? ‚Ich lasse mich nicht verbiegen.' Bastian atmete tief ein und spürte dabei, wie froh er war, so einen Vater gehabt zu haben." (S. 239)

Unbeugsamkeit

Diese Bindung ist die Grundlage für Bastians widerständisches Verhalten. Die durch seinen Vater vermittelten und von ihm übernommenen Werte machen Bastian immun gegen die Nazi-Ideologie. Aus der Kollision zwischen Bastians Humanität und der Menschenverachtung der Nazis erwächst Bastians Widerstand. Natürlich erlebt er Anfechtungen und Momente der Schwäche, so in der Nacht vor der Sabotageaktion mit Jupp Jablonski:

„Ruhelos wälzte sich Bastian im Bett. Dabei war er todmüde. Für einen Augenblick hatte er das Gefühl gehabt, endlich das Richtige zu tun. Etwas, was den Krieg verkürzte. Gleichzeitig fühlte er, wie er die Kontrolle verlor, wie die Dinge sich von selbst weiterentwickelten und in Bewegung kamen. Wie er mitten hineingeriet und mitgerissen wurde." (S. 308)

Selbstbestimmung statt Ideologie

Doch Bastian beteiligt sich an der Aktion, da er sich in der Tradition seines Vaters sieht und dem System etwas entgegensetzen will. Dass er tatsächlich eine Familientradition fortsetzt, erschließt sich aus einer Bemerkung seiner Mutter. Zwar hat sie Angst um ihren Sohn, doch sie lässt ihn gewähren, weil er sie mit seinem widerständischen Tun an ihren Mann erinnert: „‚Wie der Vater', murmelte sie. ‚Du hast den gleichen Dickschädel wie dein Vater.' Und in ihrem Gesicht lag nicht nur Kummer. Nein, eine Spur von Stolz lag auch darin." (S. 94) In diesem Sinne aufschlussreich ist Bastians Nachname „Frei". Dieser Nachname ist Programm. Bastian (und sein Vater) möchte selbstbestimmt leben und duldet keine Ideologie, die ihn unfrei macht.

Aufgabe 3 ***

Stellen Sie eine Verbindung her zwischen der Ermordung Eugen Ziegens, der Freundschaft zwischen Bastian und Paul und Pauls Verschwinden. Belegen Sie Ihre Ausführungen mit geeigneten Textzitaten.

Mögliche Lösung: Die Frage nach der Ermordung Ziegens, der Freundschaft zwischen den beiden Jungen und das Verschwinden Pauls verweist auf drei Stoffe[60] der Literatur: Tyrannenmord, Freundschaftsbeweis und der Märtyrer.

Allmächtiger Ziegen: Tyrann

Ein Tyrann definiert sich in erster Linie durch eine Gewaltherrschaft, gesetzliche Bindungen werden nach Belieben ignoriert. Ziegen erfüllt diese Kriterien. Er ist der Nazi-Ideologie verpflichtet, hat sich der Vernichtung der Edelweißpiraten verschrieben und agiert ganz im Sinne des SS-Standartenführers Schründer, von dem er aufgefordert wird, ggf. „kurzen Prozess" (S. 10) zu machen. Er verfolgt die Gruppe systematisch, wobei er keine Gnade kennt, wie folgendes Zitat zeigt: „Und dann winseln sie um ihr beschissenes Rotzlöffelleben." (S. 361) Ziegen ignoriert in seinem Vorgehen be-

---

60 Stoff: Inhaltliche Grundlage des Textes.

stehende Gesetze, so will er den inhaftierten Bastian sowie Otto Steinkamp und seine Gruppe ohne Gerichtsverfahren hinrichten lassen: „Wenn ich mit denen fertig bin, landen die vor dem Volksgerichtshof. Oder wir machen hier kurzen Prozess.'" (S. 272) Der von ihm darüber informierte Staatsanwalt interveniert bezeichnenderweise nicht.

Der treue Freund Paul

Wie kommt es nun zu Ziegens Ermordung? Diese Frage verweist auf den Freundschaftsbeweis. Literaturwissenschaftlich betrachtet ist der Freundschaftsbeweis der „Archetyp einer freiwilligen Leistung für besonders geliebte Mitmenschen"[61]. In *Wir tanzen nicht nach Führers Pfeife* wird dieser Stoff durch Paul realisiert. Der von den Edelweißpiraten Geschützte, von den Nazis Verfolgte, möchte etwas zurückgeben: Paul verbindet mit Bastian eine tiefe Freundschaft, die ausschlaggebend für sein Tun ist. Er wird von Fatz über die geplante Hinrichtung informiert und fasst einen Entschluss: „Fatz hatte vor ein paar Tagen gesagt, er wette, dass sie es so auch mit den Edelweißpiraten machen würden. Auf keinen Fall wollte Paul sich das ansehen." (S. 357)

Gedanke an das Schicksal der Eltern

In der direkten Konfrontation mit Ziegen in dessen Auto überkommen Paul zusätzlich Gefühle. Dies beginnt mit seinem Blick auf das Armaturenbrett des Opels, dessen Holz ihn an den Sekretär seiner Mutter denken lässt und an das, was seinem Vater widerfahren ist und auch ihm angetan werden soll:

„Vogelaugenahorn. Ein teures Holz. Mutters Sekretär hatte das gleiche Furnier. Früher einmal war das ihr ganzer Stolz gewesen. Wieso kam er jetzt darauf? Warum kam er jetzt auf Dinge, die in der Erinnerung keinen Pfennig wert waren? Weil er nicht wusste, was er

---

61 Frenzel, Elisabeth: *Motive der Weltliteratur*, S. 196.

sonst denken sollte? Weil er nicht wusste, was er hier tat? Doch, er wusste es." (S. 359)

Zudem erfährt er durch Ziegen von Billis Schicksal. Die Beliebigkeit, mit der Ziegen von Billis Tod spricht, schürt Pauls Hass auf Ziegen, den Repräsentanten dieses menschenverachtenden Systems, der zugleich verantwortlich für die bevorstehende Hinrichtung Bastians ist. Paul erschießt Ziegen – aus Freundschaft und Rache (Freundschaftsbeweis kombiniert mit Rachemotiv). Paul rächt seinen Vater und Billi und andere vom System gequälte Menschen.

Paul als Märtyrer

Ebenfalls an Paul gebunden ist der Stoff des Märtyrers. Paul opfert sich für seine Überzeugung und seine Mitmenschen. Er bleibt nach der Ermordung Ziegens verschwunden, sein Schicksal ist ungeklärt: „,Aber Paul', sagte da Opa Tesch, ,der muss seit Ziegens Tod verschwunden sein. [...] Wenn ihr mich fragt, dann hat einer, der ahnte, dass er Ziegens Mörder war, ihn abgeknallt.'" (S. 403)

LITERATUR

Zitierte Ausgabe:

Zöller, Elisabeth: *Wir tanzen nicht nach Führers Pfeife.* München: dtv, 2014.

Biografie und Biografisches:

http://www.elisabeth-zoeller.de (abgerufen am 2.12.2015) → Homepage der Autorin.

Über *Wir tanzen nicht nach Führers Pfeife*:

Behrens, Julia (Rezension): http://www.jugendbuch-couch.de/elisabeth-zoeller-wir-tanzen-nicht-nach-fuehrers-pfeife.html (abgerufen am 28.12.2015).

Finkelgrün, Peter: *Köln und die Edelweißpiraten.* http://www.hagalil.com/archiv/2011/07/03/edelweisspiraten/ (abgerufen am 13.7.2015) → Porträt der Kölner Edelweißpiraten mit informativen Details über die historischen Vorbilder der Romanfiguren.

Frisé, Maria: *Je näher das Kriegsende rückt, desto größer wird der Terror:* http://www.faz.net/aktuell/feuilleton/buecher/rezensionen/kinderbuch/edelweisspiraten-im-jugendroman-je-naeher-das-kriegsende-rueckt-desto-groesser-wird-der-terror-12008410.html (abgerufen am 28.12.2015).

Hagemann, Christine: *Materialien für den Unterricht. Elisabeth Zöller Wir tanzen nicht nach Führers Pfeife.* http://www.elisabeth-zoeller.de/data/content/00000052/_media.00000379.pdf (abgerufen 14.4.2016).

Husemann, Ralf: *Nicht mit uns:* http://www.buecher.de/shop/2-weltkrieg/wir-tanzen-nicht-nach-fuehrers-pfeife/zoeller-elisabeth/products_products/detail/prod_id/35727704/ (abgerufen am 28.12.2015).

Schimmig, Ulrike: *Der Widerstand der Jugend:* http://letteraturen.letterata.de/2012/09/edelweisspiraten/ (abgerufen am 28.12.2015).

Schmitt-Rößer, Angelika (Rezension): http://lernen-aus-der-geschichte.de/Lernen-und-Lehren/content/11344 (abgerufen am 28.12.2015).

Zöller, Elisabeth: http://www.domradio.de/audio/wir-tanzen-nicht-nach-fuehrers-pfeife-elisabeth-zoeller-ueber-die-edelweisspiraten (abgerufen am 28.12.2015) → Interview mit Elisabeth Zöller über ihren Roman (2012).

Zeitzeugen/Edelweißpiraten:

http://www.eg.nsdok.de/default.asp?typ=interview&pid=36&aktion=erstes (abgerufen am 28.12.2015) → Lebensgeschichten Kölner Zeitzeugen, u.a. Jean Jülich, Fritz Theilen und Gertrud „Mucki" Koch.

http://www.ksta.de/koeln/nippes/edelweisspiraten-im-dritten-reich-mucki-hat-genug-gekaempft-2624686 (abgerufen am 28.12.2015) → Artikel über Gertrud „Mucki" Koch.

http://www1.wdr.de/mediathek/audio/wdr5/wdr5-erlebte-geschichten/audio-erlebte-geschichten-gertrud-koch–102.html (abgerufen am 28.12.2015) → Erlebte Geschichten: Gertrud „Mucki" Koch (05.10.2014).

https://www.youtube.com/watch?v=plGNNCJACxk (abgerufen am 28.12.2015) → Zeitzeugengespräch mit Jean Jülich (8.11.2008).

http://www.dubistanders.de/Fritz-Theilen (abgerufen am 28.12.2015) → Originalzitate und Bilder von Fritz Theilen.

http://www.welt.de/print/welt_kompakt/koeln/article134040885/Im-Kampf-gegen-das-Nazisystem.html (abgerufen am 28.12.2015) → Über den Edelweißpiraten Bartholomäus Schink.

Übergreifende Darstellungen:

Flanner, Janet: *Paris, Germany. Reportagen aus Europa 1931–1950*. München: Verlag Antje Kunstmann, 1992, S. 95–102.

Erdmann, Karl Dietrich: *Deutschland unter der Herrschaft des Nationalsozialismus 1933–1939*. München: dtv, 1985, S. 151–216. → Das Buch gewährt einen guten Einblick in den Nationalsozialismus.

Erdmann, Karl Dietrich: *Der Zweite Weltkrieg*. München: dtv, 1985, S. 106–115.

Frenzel, Elisabeth: *Motive der Weltliteratur*. Stuttgart: Kröner Verlag, 1999.

Internetlinks Nationalsozialismus/2. Weltkrieg:

https://www.dhm.de/lemo/kapitel/der-zweite-weltkrieg/kriegsverlauf/luftangriffe.html (abgerufen am 13.7.2015) → Porträt des Luftkrieges.

http://www.ksta.de/koeln/30–mai-1942-tausend-bomben–ewig-albtraeume,15187530,16231668.html (abgerufen am 13.7.2015) → Zeitzeugenbericht über die Bombardierung Kölns.

https://www.youtube.com/watch?v=kTN7psJGto0 (abgerufen am 13.7.2015) → Film über die Zerstörung Kölns.

http://www.museenkoeln.de/ns-dokumentationszentrum/pages/394.aspx?s=394!prettyPhoto (abgerufen am 10.4.2016) → NS-Dokumentationszentrum: Köln im 2. Weltkrieg.

http://www.jugend1918-1945.de/thema.aspx?s=4969&m=4959&open=4969 (abgerufen am 11.4.2016) → Ehrenfeld im Herbst 1944.

http://www.museenkoeln.de/ausstellungen/nsd_0404_edelweiss/db_inhalt.asp?C=403 (abgerufen am 1.4.2016) → Kriegszustand in Köln-Ehrenfeld.

http://www.shoahproject.org/widerstand/kids/shkids4.htm (abgerufen am 13.7.2015) → Porträt des jugendlichen Widerstandes und der Folgen.

http://www.jugend1918-1945.de/thema.aspx?s=5380&m=3448&v=5380 (abgerufen am 13.7.2015) → Porträt der Hitlerjugend (HJ).

http://www.jugend1918-1945.de/thema.aspx?s=5380&m=3448&v=5380 (abgerufen am 1.4.2016) → HJ-Gesetz und Jugenddienstpflicht.

https://www.youtube.com/watch?v=EqNhLUJ7oTk (abgerufen am 13.4.2016) → Rede von Thomas Mann am 29. August 1943 (BBC).

http://www.spiegel.de/einestages/kalenderblatt-4-11-1901-a-948801.html (abgerufen am 5.4.2016) → Wandervogelbewegung.

STICHWORTVERZEICHNIS